Dr. Israel Ramos Perea: Pionero de la investigación institucional en Puerto Rico

DR. ROMMEL R. ALFONSECA

Copyright © 2025 Rommel Alfonseca

Editor: Guillermo E. Mora G.
Diseño y diagramación: Diana C. Vásquez

Editorial Panamericana, Inc.
Tel: (787) 277-7988 • Fax: (787) 277-7240
P.O. Box 25189 San Juan, Puerto Rico 00928
info@editorialpanamericana.com
www.editorialpanamericana.com

Producido en San Juan, Puerto Rico
ISBN: 978-1-61725-464-2

Contenido

Agradecimiento

Deseo expresar mi más sincero agradecimiento a la Dra. Myrna Rodríguez, cuyo valioso apoyo y generosa disposición sirvieron de puente entre el Dr. Israel Ramos Perea y el autor de esta obra. Su colaboración y compromiso fueron esenciales para hacer posible la creación de este libro, que intenta preservar el legado de uno de los grandes pioneros de la investigación institucional en Puerto Rico.

Introducción

A mediados de la década de 1980, Sila María Calderón, quien luego fuera gobernadora de Puerto Rico, ocupaba la posición de secretaria de la Gobernación del gobernador Rafael Hernández Colón. En ese momento, la señora Calderón estaba encargada de contratar recursos humanos para las principales posiciones de la administración. Como parte de su equipo, la señora Calderón necesitaba un ayudante especial del gobernador en el área de Educación y Cultura. Entre las renombradas figuras del campo de la educación en Puerto Rico, el Dr. Israel Ramos Perea fue convocado para una entrevista con la secretaria de la Gobernación.

Para aquel entonces, era conocido que la Sra. Sila María Calderón tenía la costumbre de condicionar las entrevistas que ofrecía a unos breves minutos; y no fue la excepción para la entrevista con el Dr. Israel Ramos Perea. Al acercarse el día de la entrevista, la secretaria Calderón le pidió a su asistente que le comunicara al Dr. Israel Ramos Perea que solamente tenía 15 minutos para atenderlo. En respuesta, el Dr. Israel Ramos Perea le expresó: "Agradezco la oportunidad, pero para dialogar sobre la educación del País, 15 minutos no son suficientes. Si es así, declino asistir a esa entrevista, ya que lo que tengo para comunicarle requiere de 30 a 40 minutos como mínimo, para poder dedicarle a cada tema una cantidad de tiempo razonable".

La secretaria de la Gobernación, rompiendo su protocolo, accedió a la petición del Dr. Israel Ramos Perea y le concedió el tiempo que él estimó requerido para poder exponerle sus perspectivas y visión de la educación y la cultura de ese momento. Al finalizar la entrevista, el Dr. Israel Ramos Perea le agradeció la oportunidad y añadió un consejo contundente:

"Usted sabe que al gobernador no le conviene tener un asesor en Educación y Cultura como yo, ¿y sabe por qué? Porque tarde o temprano yo, como asesor del gobernador, tendría que intervenir en el sistema correccional. En este momento mi esposa, la Dra. Mercedes Otero de Ramos, dirige la Administración de Corrección y Rehabilitación del país, y allí existe una división de educación para los confinados. A eso, la oposición le podría llamar 'conflicto de interés'. Yo no quiero que la administración suya se vea afectada por eso". Entones, procedió a recomendarle al Dr. José Jaime Rivera, quien luego, por muchos años, fue el presidente de la Universidad del Sagrado Corazón en Puerto Rico; además, le recomendo que fuera una persona más afín con el quehacer cultural del país.

Esta anécdota retrata tanto el nivel de excelencia que le reconocía el propio gobernador de Puerto Rico, Rafael Hernández Colón, al matrimonio de dos servidores públicos, como su gran compromiso con sus valores, su sentido de integridad, su ética profesional y su sentido de justicia. Estas cualidades fueron su estandarte durante más de seis décadas de servicio a la educación de Puerto Rico.

Este evento aunque no fue único, pues rechazó ocupar otras posiciones ejecutivas en el campo de la educación, fue sin duda una clara demostración de la calidad profesional del doctor Ramos Perea. Sin embargo, llegar a ese pináculo de excelencia y prestigio en el ámbito de Puerto Rico no fue nada fácil; requirió un ascenso difícil en el contexto del Puerto Rico preindustrial: las complejas décadas de 1930 - 1950.

El Dr. Israel Ramos Perea requirió un ascenso difícil, puesto que tuvo que vencer dificultades y limitaciones que para muchas generaciones posteriores serían impensables, como la carencia domiciliaria de servicios esenciales tales como el agua potable, la luz eléctrica, la transportación vehicular, y más recientemente, los retos de la red Internet, la tecnología digital, y otras tantas comodidades de las que se disfrutan hoy día. Estos menesteres fueron el diario vivir del doctor Ramos Perea y de toda su generación, con la diferencia de que unos pocos tuvieron la voluntad de salir de su entorno y forjarse un mejor futuro para sí y para sus congéneres, fundamentado en la educación, la disciplina y el trabajo arduo; así como también en la paciencia, perseverancia y persistencia. Fue en esa coyuntura en la que creció el doctor Ramos Perea.

A continuación, el lector podrá embarcarse en un viaje al pasado para dar un vistazo al notable desempeño de este gran servidor público, mentor de muchos profesionales, en múltiples campos y en distintos niveles jerárquicos.

Consciente de la prioridad de preservar la libertad de cátedra y de la necesidad imperante de estimular y continuar patrocinando la investigación científica, el Dr. Israel Ramos Perea rehusó comandar puestos administrativos, dirigir decanatos académicos, vicepresidencias, rectorías, y desempeñarse como asesor gubernamental, en el ámbito de la educación y la cultura puertorriqueña. El doctor Ramos cumplió su encomienda y presentó sus visiones de nuestra educación y cultura en las entrevistas realizadas con Sila María Calderón, secretaria de la Gobernación; Lic. Fernando Agrait, presidente de la Universidad de Puerto Rico; Jeannette Ramos Bounomo, directora de la Administración Central, Colegios Regionales de la Universidad de Puerto Rico; Arq. Antonio Miró Montilla y el Lic. Efraín González Tejera, rectores de la Universidad de Puerto Rico, Recinto de Río Piedras; y el profesor Juan B. Nazario, presidente de la American University of Puerto Rico.

Su rol como "Investigador Senior" le dio la oportunidad de rescatar, continuar, profundizar y ampliar sus unidades de estudio e investigación sociológica. Por tanto, el Dr. Israel Ramos Perea agradece profundamente a su colega Myrna Rodríguez en "APEX Consulting Services" y a Julia Delgado y su "Staff" en el Departamento de Servicios contra la Adicción, por insertarse en diversos programas y proyectos orientados a prevenir y a cambiar conductas adictivas entre jóvenes y adultos de nuestras comunidades.

Se impactaron comunidades en áreas urbanas, suburbanas y rurales de extrema pobreza, desorganización social y alta incidencia de desviación social. Los programas sociales y proyectos orientados a la introducción de cambios de conductas estructurales y de apoderamiento de las comunidades han estado presentes en sus investigaciones sociológicas y educacionales.

Entre las comunidades investigadas, en las que se orientaban los proyectos de prevención de alcohol, tabaco y drogas se encuentran los siguientes:

- Comunidades de Playita, Shanghai, Don Bosco en Villa Palmeras, Santurce, Juana Matos, Cataño ATOD Prevention Youth Project (JUMP)
- Cuerpo de Voluntarios, en Aibonito
- Gipsy, Guamani Housing ATOD Project Guayama
- Sor Isolina Ferre Community Based ATOD Project, Caimito, San Juan
- Central Mountain Coalition Town's Youths ATOD Prevention Project, Lares, Utuado y Jayuya

En el Apéndice 1 se incluye una lista de proyectos evaluados. El lector apreciará que los resultados de sus estudios se daban a conocer como informes técnicos de investigaciones. Los mismos tenían el propósito de establecer la base de cambios en la conducta, estructurales y de desempeño en el ejercicio de ejecutorias, propósitos y misiones institucionales. Además, cada investigación contribuía a enriquecer conocimientos teóricos, metodológicos y prácticos. Aunque basadas y realizadas desde perspectivas teóricas y metodológicas, no incluían bibliografías en las mismas, debido a su costumbre de evitar "publicar por publicar, para no morir", y de hacer accesible los resultados para la toma de las decisiones correspondientes.

La obra del Dr. Israel Ramos Perea está presente, actualizada y muy bien representada por colegas y egresados que continúan realizando estudios, investigaciones y publicaciones. Egresados como el Lic. Héctor Luis Acevedo y la Dra. Wanda Rodríguez han sido reconocidos como "Catedráticos Emeritus" de la Universidad Interamericana y de la Universidad de Puerto Rico, respectivamente. En el ejercicio de funciones administrativas, y en el rol de decanos académicos, se encuentran las doctoras Myrna Rodríguez y Evangelina Rivera Figueroa, en las Universidades Ana G. Méndez, Recinto de Carolina y Pontificia Universidad Católica de Puerto Rico, respectivamente. En la dirección y realización de investigaciones requeridas para la acreditación de los programas académicos, se encuentra la Dra. María Pi Pomales en la Escuela Graduada de Farmacia del Recinto de Ciencias Médicas de la Universidad de Puerto Rico. En la dirección de departamentos académicos, propiciando el desarrollo profesional de la facultad y de sus estudiantes, se encuentra el Dr. Víctor Concepción, mientras en la asesoría y realización de investigaciones para la reconstrucción del país, está muy activo el autor de esta publicación, el Dr. Rommel Alfonseca, con su empresa "Serendipity". El Doctor Ramos Perea presenta excusas por los olvidos involuntarios de otros nombres.

El lector podrá encontrar en estas páginas, las anécdotas de una vida fascinante, digna de contarse, en la que el protagonista hace gala de la visión y el arrojo necesarios para forjarse un futuro para sí, para su familia y para las nuevas generaciones. Gracias a educadores como el doctor Ramos Perea, hoy se disfrutan muchas de las herramientas que actualmente se dan por sentadas. He aquí la historia de uno de los pioneros de la educación como herramienta liberadora y de la investigación social, en el ámbito institucional de Puerto Rico. Embárquese en este viaje extraordinario, lleno de anécdotas en las que un verdadero jíbaro puertorriqueño logró superar obstáculos cuya magnitud hoy día resultan inimaginables.

Capítulo 1
Orígenes y formación primaria

Orígenes, educación primaria y formación del carácter

Israel Ramos Perea nació a la medianoche del 21 de febrero de 1935 y creció en Barrio Pueblo, en Rincón, Puerto Rico. Este municipio está localizado en la parte más occidental del país, frente a la isla Desecheo, el pasaje de la isla de Mona y la fosa más profunda de lecho marítimo, entre el barrio Puntas, en Puerto Rico, y la provincia de Punta Cana, en la vecina isla de la República Dominicana.

Vista de la isla de Desecheo, desde la costa oeste de Puerto Rico. https://upload.
wikimedia.org/wikipedia/commons/d/d3/Desecheo_FWS.jpg

Tal vez pocos lectores conozcan que Israel no fue el nombre que inicialmente escogieron sus padres. En aquellos tiempos, Rincón constaba de nueve barrios, y puesto que no existía mucha facilidad de transportación, la principal manera de trasladarse de un lugar a otro era a pie o en caballo. De igual manera, el pueblo de Rincón no contaba con médicos, sino que tenía una comadrona[1] que caminaba los nueve barrios para asistir a las madres durante el proceso de parto; y luego tenía la tarea de inscribir a los niños recién nacidos en el Registro Demográfico. Cuando Israel estaba a punto de nacer, la comadrona visitó la casa de sus padres para el proceso del parto; luego, como tenía tantos niños por inscribir, por equivocación involuntaria, a todos los recién nacidos les cambió el nombre, incluido el del pequeño "Carlos Augusto".

Localización de los nueve barrios del Pueblo de Rincón, Puerto Rico

Un tiempo después, cuando los padres de Israel fueron al Registro Demográfico a solicitar el expediente del niño Carlos Augusto Ramos Perea, superada la confusión inicial del empleado del Registro, lograron dar con el paradero del expediente del niño que en vez de "Carlos Augusto", como habían deseado sus padres, tenía el nombre de Israel Ramos Perea, con el cual quedaría el resto de su vida.

---

1   Persona con títulos legales que asiste y brinda atención básica y de emergencia a las mujeres y sus bebés durante el embarazo, el parto y el período posparto.

Sin embargo, la historia no concluye aquí. De toda esta odisea, Israel se enteró muchos años después; mientras estaba participando en un adiestramiento para dirigir una dependencia de la Autoridad de Acueductos y Alcantarillados, recibió dos cartas que requerían su ingreso obligatorio a las Fuerzas Armadas de los Estados Unidos, una con el nombre de "Israel" y la otra con el nombre de "Carlos Augusto".

Israel vivió su niñez en un ambiente natural, provisto por la zona costera de una sabana que albergaba palmas de coco, y un cañaveral que se inundaba con las crecientes de la quebrada Ramos y provocaba la salida de jueyes. A lo largo de la zona costera, y bordeando la playa, había una arboleda de aguacates, cerezas, quenepas, toronjas, mangos, naranjas, hicacos y uvas playeras que discurrían a lo largo de la carretera PR115 y las vías del tren[2] que transitaba diariamente y que hacía tres paradas.

Este ambiente natural ejerció una gran influencia en su formación personal, como un fiel creyente y defensor de la naturaleza[3]; perfiló igualmente sus hábitos alimentarios, y sus preferencias por las frutas, el pescado, la mazamorra y el arroz con gandules. Todos estos alimentos se cocinaban con leña, en un fogón cuadrado que se rellenaba con arena de playa y tres piedras para sostener las ollas y otros recipientes de cocina. Asimismo, disfrutaba de la leche de vaca y de cabra.

Su padre, Tomás Ramos Muñoz, de baja estatura, era oriundo del barrio Cruces de Rincón. De tez blanca, obrero agrícola y músico de oído, diestro en el manejo del acordeón que utilizaba para irse de parranda en las Navidades y en

---

2   Puerto Rico contó con un sistema ferroviario que circunvalaba el país desde las décadas de 1890 hasta entrada la década de 1950.
3   El Dr. Israel Ramos Perea ha sido patrocinador de organizaciones sin fines de lucro que procuran conservar los recursos naturales (SIERRA).

las fiestas familiares. En una ocasión, su padre sufrió un accidente que le causó la ruptura de la pierna derecha, la cual le afectó su caminar y estuvo cojeando el resto de su vida. Su madre, Felícita Perea Manzanares, provenía del barrio Calvache de Rincón. Era de tez morena, taína, con una larga y espesa cabellera negra, y era una diestra cocinera; y como lavandera, aportaba al sostén de la familia. Doña Felícita se especializaba en cocinar el arroz con garbanzos, y preparar golosinas, como dulces de coco, almendras y maní, sembrados y cosechados en los predios de la casa. Ayudaba también a cubrir y satisfacer las necesidades del hogar cuando en su familia enfermaban, o sufrían pérdidas debido a huracanes y otros eventos adversos. Esta incansable y excelente madre procreó y crió tres hijos varones; los dos primeros, de un padre que la abandonó durante la crianza de sus hijos, quienes fueron adoptados por don Tomás, padre de Israel, hijo menor y único entre ambos cónyuges.

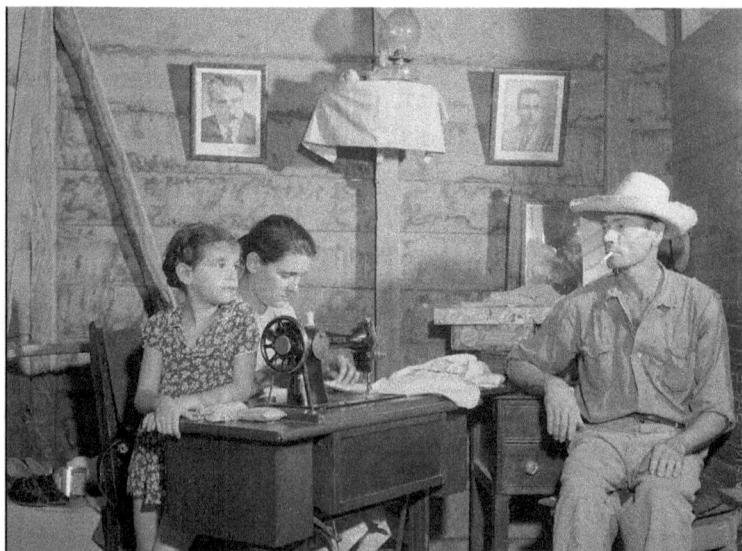

Estampa de la familia típica del Puerto Rico de la década del 1930. (Fuente: https://commons.wikimedia.org/wiki/File:DelanoFSAPR.jpg?uselang=en#Licensing).

De sus padres y dos hermanos mayores, Enrique y Alfredo, que nacieron ocho y dieciséis años antes que Israel, aprendió a convivir en paz y armonía familiar; se ayudaban entre sí, cultivaban la tierra con esmero y valoraban sus frutos para sobrevivir. Su padre y sus hermanos cultivaban la tierra, mientras que a Israel le tocaba regar las semillas de los granos y luego atenderlas durante su crecimiento. Este proceso de cultivo y producción de la tierra lo entusiasmaba mucho. Vivía pendiente a diario para identificar la falta de abono, y detectar y contrarrestar el crecimiento de insectos depredadores que pudieran hacer daño a la siembra. Sin saberlo, desde esa temprana edad, estas tareas fueron inculcando en él, el amor por la observación, la investigación y la satisfacción de ver resultados de aquello a lo que se le pone el empeño. Desde muy niño aprendió a evitar accidentes causados por golpes de agua y crecidas de las quebradas, mientras acompañaba a su madre a lavar ropa ajena en la quebrada Ramos, lo cual servía para ayudar en los gastos de la familia. De igual manera, aprendió de su padre y hermanos a cultivar la tierra, sembrando y cosechando hortalizas y frutos menores para llevarlos a la mesa del hogar.

Esta simbiosis de ayuda familiar, de asignación de tareas específicas para cada miembro de la familia y de estar pendientes cada uno del otro, se extendió a lo largo de los años. La familia ayudó a Israel en sus años de estudios superiores; y luego, ambos padres y hermanos recibieron ayuda, sostén y apoyo de Israel en todas sus necesidades, cuando este se convirtió en un profesional.

Las relaciones en el hogar se caracterizaron mayormente por ser armoniosas y prevalecer la paz, el respeto y la ayuda mutua. Había una repartición del trabajo y cada miembro aportaba a las necesidades particulares de la familia. Como en todo grupo, hubo ocasiones en las cuales, como hijo, reprendía a su padre y a su hermano mayor Alfredo por el uso del cigarrillo y del alcohol. Debido a su alto grado de consciencia al respecto, aprendió a evitar el consumo dañino de ambos productos.

Alfredo, el mayor de los hermanos, pasó su adolescencia con sus abuelos paternos en la Central los Llanos y en la zona rural de Arecibo. Estudió hasta sexto grado en las escuelas del barrio, pero descontinuó sus estudios en la escuela intermedia, debido al acecho y amenazas recibidas de sus compañeros de estudios. Por su parte, Enrique se crió con su madre y su padre adoptivo; y estudió en la escuela elemental del pueblo de Rincón. Se dedicó a la práctica de los deportes y participó como soldado en la Segunda Guerra Mundial. Estudió en un colegio de comercio en Mayagüez, gracias a los beneficios de su servicio militar, y practicaba la pesca. Luego se casó, crió tres hijos varones y una hija; y emigró a New York, donde ejerció como chef, y chofer de un taxi de su propiedad.

Con el tiempo, su hermano mayor, Alfredo, acogió los consejos de Israel, y dejó de consumir bebidas embriagantes que le causaban desórdenes de salud, especialmente estomacales. Aunque los hermanos Quique e Israel eventualmente evitaron el consumo del cigarrillo, ambos estuvieron expuestos al humo de segunda mano que tanto afecta las vías respiratorias, debido a que ambos padres fumaban dos cartones semanales de cigarrillos "Chesterfield", acompañados de un trago de café negro. Como consecuencia de estos hábitos, ambos padres sufrieron enfermedades pulmonares y cancerosas, que afectaron a todos los miembros del núcleo familiar.

Como miembro menor de una familia bastante pobre, Israel tuvo una niñez sin comodidades materiales, pero con mucho cariño y amor de ambos padres y sus hermanos, con disciplina y con unos sólidos valores cristianos. Con su hermano Quique, aprendió a preparar un huerto casero. El propio Quique, con el pasar de los años, y junto con su esposa Alma, brindaron alojamiento al joven adulto Israel, en New York y New Jersey, durante tres veranos en los que se dedicó a diversas tareas que más adelante se detallarán.

Israel también recibía ayuda de sus vecinos y padrinos cuando sufría algún percance. Su padrino Domingo Rosa y su madrina Felícita Collazo lo apodaron "Colito" y le obsequiaban frutas caseras como naranjas, cerezas, y dulce de papaya. También le regalaban "surcos de pescado de chicharras", las cuales se freían para acompañar el plato de arroz con habichuelas. Cuando estaban en temporada de cosecha, se añadían al manjar unos aguacates y un par de huevos fritos obtenidos de la propia crianza de gallinas. En ocasiones más esporádicas, se obtenían aves y cerdos que enriquecían el plato principal.

De su padrino, don Domingo, aprendió destrezas para la crianza de cerdos y gallos de pelea, y también a vivir con mucho amor a la vida. Se divertía con juguetes hechos a mano, de materiales desechados como botellas y latas de galletas, entre otros, que de pequeño aprendió a reciclar. Construía carros alumbrados con velas, gomas con aros de latas de salsa, edificios con bambúes de caña y clavos de las espinas de arbustos de limón, cítrico que a su vez le servía de alcohol para curar heridas producidas por sus juegos infantiles. Además, con su padrino hacía volar chiringas que Israel armaba con papel de estraza y sostenía con varillas de palmas de coco.

Israel considera que su niñez fue rica en experiencias de aprendizaje, de convivencia y sobrevivencia en un ambiente natural. Aprendió a sacar agua de un pozo y a hervir la misma para matar las larvas y los microbios, así como a conservar el agua en un recipiente cilíndrico empañetado con cemento, ya que no tenían neveras. (Por si acaso el lector se pregunta, tampoco tenían radio ni televisión).

De igual forma, en aquel entonces, se carecía de alumbrado eléctrico, alcantarillado y teléfono. Se asistía a pie a la escuela elemental urbana desde Barrio Pueblo, donde residía la familia. Su hermano Enrique le regaló una bicicleta con la que se transportaba hasta el pueblo para hacer los mandados, asistir a la escuela, ir a la misa dominical y para pasear por los barrios Ensenada, Cruces y Punta. En ocasiones especiales, llegaba hasta el pueblo de Aguada para ver películas de vaqueros y del detective Dick Tracy.

Desde niño, Israel tuvo un alto sentido de la justicia y la convivencia en paz. Era disciplinado y obediente para evitar causarle daño a alguien. No toleraba que nadie abusara de otra persona o ser viviente; esto, particularmente, lo aprendió de su padre, persona sumamente pacífica y amigable con todo el que lo conocía. También lo aprendió de sus dos hermanos que lo defendían cuando alguien del barrio se aventuraba a causarle algún daño físico o le ponían obstáculos para que no jugara o compartiera libremente.

Un recuerdo más vivido de su crianza temprana surgió cuando su padre lo llevó al salón de clases de la escuela elemental. Israel comenzó a llorar porque quería regresar a su casa con sus padres. Su padre, preocupado, se quedó caminando alrededor del salón de clases hasta que Israel se fuera aclimatando a este nuevo y desconocido ambiente. Mientras tanto, dentro del salón, su maestra increpaba al lloroso Israel y le decía que tenía que callarse. Momentos después, al divisar afuera al padre, la maestra salió del salón para preguntarle "si no tenía algo qué hacer en su casa". Cuando su padre le contestó a la maestra afirmativamente, ella lo increpó: "pues váyase hacer sus menesteres a su casa que yo me ocupo de su hijo". Israel jamás volvió a llorar en clases.

Con el paso de los años, Israel agradece a su maestra de primer grado, Josefina Cuesta, por este y otros regaños que luego se convirtieron en enseñanzas que lo acompañaron durante el resto de la vida. Ella le enseñó a leer y escribir a temprana edad, lo cual fue fundamental para su crecimiento y formación personal. El impresionante viaje por la vida ha sido posible gracias a los hábitos por la lectura y la escritura, inicialmente; y luego, por el desarrollo de destrezas aritméticas, que abarcaron desde las etapas básicas de suma y resta hasta procesos más complejos como los porcientos, la agrupación de números y las comparaciones, esenciales para las estadísticas que luego fueron sus herramientas de trabajo.

La pobreza prevaleciente influyó muy poderosamente en fomentar la imaginación, curiosidad y la observación de lo desfavorable de su medio ambiente para, primero, la creación de juguetes para divertirse con sus amigos de la infancia y la adolescencia y, luego, para la construcción de las posibilidades que le permitieron desarrollar metas a mediano y largo plazo en su vida.

Desde pequeño, entendió las limitaciones que se presentaban viviendo en una casita techada con ramas y yaguas, construida de madera, sostenida con pilotes rústicos, sin corriente ni alambrado eléctrico, sin alcantarillado ni agua potable; ubicada en un solar perteneciente a los dueños de las plantaciones de caña de azúcar, lo que los convertía en "arrimados obreros agrícolas". Los dueños ponían impedimentos para realizar mejoras al hogar, como utilizar zinc para el techo o ampliar la misma. Promovían igualmente la mudanza y salida de sus predios de los "arrimados" que residían en sus fincas latifundistas[4]. En

---

4   El latifundio era una extensión agrícola de gran dimensión que pertenecía a un solo propietario.

1900 se aprobó la Ley de los 500 acres[5] para combatir el latifundismo absentista de los dueños de grandes fincas de caña de azúcar; sin embargo, no fue sino hasta luego de la década de 1930 que realmente entró en vigor. Les benefició a las tres familias de los obreros agrícolas arrimados, a los que se les proveyó dos cuerdas de terreno a cada uno. El padre de Israel adquirió las dos cuerdas y allí pudo construir una casa y cultivar el terreno. Con sus esfuerzos y menguados recursos, sus padres y hermanos aprovecharon la ley antilatifundista y antimonopolista para hacerse de esas dos cuerdas de terreno. Sus padres y dos hermanos mudaron sus escasas pertenencias en una carreta de bueyes a una casa más amplia, techada de zinc y construida con madera. Aún para aquel entonces, no se disponía de electricidad ni agua potable. Se seguía utilizando el agua de lluvia para los quehaceres, y para el consumo diario se extraía agua de una cisterna con una bomba hidráulica construida en los terrenos de un vecino. Se construyó una letrina[6] más amplia, con una base de concretó con espacio para bañarse. Se seguía utilizando el fogón para preparar los alimentos, que se compraban en un colmado del pueblo y con las cosechas obtenidas en las dos cuerdas de terreno.

Además de albergar una casa más amplia y resistente a los embates naturales, las dos cuerdas de terreno se utilizaron para sembrar caña de azúcar y frutos menores como las batatas, ñames, yautías, maíz, gandules y habichuelas. También se cultivaron frutos como los tamarindos, mangos, quenepas y aguacates. Israel era el encargado de fertilizar todos estos productos.

---

5   Ley creada en 1900 para evitar que los grandes intereses económicos se adueñaran de la mayoría de los terrenos agrícolas en Puerto Rico. De esa manera, nadie podía poseer más de 500 acres de extensión agrícola.

6   Antecesor del cuarto de baño. Era una construcción pequeña, ubicada fuera de la casa en la que había un hueco en el cual se hacían las necesidades y contaba con un pozo séptico.

Trabajadores puertorriqueños del cultivo en la decáda de 1930. (Fuente: https://commons.wikimedia.org/wiki/File:Planting_Sugar_Cane_in_Puerto_Rico.jpg).

Ante la falta de electricidad para conservar las carnes, se colocaban enteras sobre el fogón y se asaban con el calor para que no se dañaran. Y para conservar el agua fría, Israel preparó un barril empañetado en su contorno cilíndrico por dentro para mantener el agua templada para su consumo. Una vez más utilizaba los materiales accesibles para construir instrumentos necesarios para satisfacer necesidades, ante la falta de equipos y medios tecnológicos más adelantados.

Para la década del 1940, la pobreza envolvía al núcleo familiar. Una vez casado su hermano Enrique con Alma Elías, nacieron sus dos hijos varones gemelos y sietemesinos, la hija y el varón menor. Inicialmente, se mudaron al barrio Córcega de Rincón, donde Enrique se dedicó a la pesca, entre otros menesteres, para ganarse el sustento familiar. Más tarde al escasear la pesca, emigró a New York. Al comienzo vivieron en los proyectos de la ciudad y luego, con más recursos, en una casa que pudo adquirir en el Bronx neoyorquino. Alfredo, por su parte, emigró en una ocasión a los campos agrícolas, con el auspicio del Departamento del Trabajo, como válvula de escape al desempleo.

Debido a la falta de la mano de obra de sus hermanos y la incapacidad física del padre, se requirió más participación de Israel en el manejo de las faenas agrícolas. Graduado de la escuela intermedia y con deseos de seguir estudiando en la escuela superior, pero sin recursos económicos veía casi imposible continuar sus estudios. Rincón no tenía una escuela superior, por lo que los estudiantes pudientes asistían a las escuelas localizadas en los pueblos de Aguada, Aguadilla y Mayagüez. El pasaje de los carros públicos costaba 40 centavos, con los cuales Israel no contaba.

Figuras que ayudaron en su formación

Además de su familia inmediata, compuesta por su padre, su madre y sus dos hermanos, otras figuras importantes en la vida de Israel ejercieron una gran influencia en su formación y crecimiento, durante su niñez y adolescencia. Así, sus padrinos Domingo Rosa y Felícita Collazo ejercieron mucha influencia; ellos siempre estaban atentos cuando Israel se enfermaba, y se mantenían pendientes de su alimentación y de su seguridad en los juegos.

De igual manera, sus maestros ejercieron muchísima influencia a lo largo de todos sus años de estudios a nivel elemental, intermedio, superior, y universitario, tanto subgraduado como graduado. Su maestra de primer grado, Josefina Cuesta le enseñó a leer y escribir inicialmente, y la maestra González en segundo grado. El maestro Conrado Rodríguez le enseñó las reglas aritméticas de suma, resta, multiplicación y división. Un hecho interesante fue que el maestro Rodríguez tenía estudios de escuela intermedia y se graduó de cuarto año en la misma clase graduanda de Israel. Hoy día, la escuela superior de Rincón lleva el nombre de Conrado Rodríguez. Resultan para Israel también importantes las enseñanzas impartidas por el maestro Font en los Estudios Sociales, en sexto grado.

Entre la intermedia y la superior, Israel reconoce la aportación e influencia ejercida por la maestra Olga Irizarry en los cursos de Inglés y Algebra Elemental. En la enseñanza de los cursos de Historia y Español se distingue la maestra Rafaela "Felín" Carrión de Rafuchi. En la escuela intermedia ejerció una definitiva influencia el maestro Collazo, profesor de Agricultura, disciplina a la cual se hará reconocimiento más adelante. La maestra "Felín" Carrión sirvió de motivadora, guía y consejera en los estudios universitarios. Varios años después, al graduarse, Israel ocupó la plaza de su maestra en la Escuela Superior de Rincón. Reconoce igualmente las figuras que lo ayudaron, tanto en su formación como en el crecimiento y la formación del carácter a nivel universitario y estudios graduados, como se verá más adelante en el próximo capítulo.

En la intermedia, el maestro César Mercado influyó grandemente, impartiéndole conocimientos derivados de la aritmética y el uso del sistema decimal. Este maestro ejerció gran liderato entre sus discípulos en la práctica de los deportes y también inspiró disciplina, caballerosidad y sana competencia. Asumió ese rol porque en la escuela intermedia no tenían un profesor de Educación Física. Supervisaba también en los juegos de los equipos de "softball" de los estudiantes de Agricultura, dirigido por Israel, y de los estudiantes de Artes Industriales, dirigidos por Jorge Díaz.

El joven Israel gustaba y se entretenía jugando béisbol de callejón, en los espacios limitados, localizados entre las grúas que llenaban los mazos de caña de azúcar, junto a los camiones que transportaban la caña hasta la Central Coloso en Aguada o a la Central Igualdad de Añasco. A falta de un parque de béisbol, se utilizaba también una cancha de baloncesto construida por el principal de la escuela y los estudiantes, localizada entre los salones de primer grado y de intermedia, frente al salón de Artes Industriales. Se utilizaba también un cercado donde se encerraban los bueyes, construido con alambre de púas y mallas con espinas. Israel recuerda que tenían que saltar todos estos obstáculos cuando los bueyes atacaban furiosamente, o cuando el capataz los mandaba a salir de mala manera. De esta forma, aprendió por necesidad a saltar tanto para brincar la cerca cuando embestían los bueyes como para capturar un bombo bateado por los bosques.

Israel gustaba de compilar datos estadísticos de los juegos y seguía de cerca el desempeño de sus jugadores favoritos como Luis Rodríguez Olmo, Luis Canena Márquez y Carlos Bernier, entre otros. Asimismo, seguía de cerca a los equipos de su preferencia, los Indios de Mayagüez y los Indios de Cleveland. Peloteros como Joe DiMaggio de los Yankees y Bob Feller, de los Indios de Cleveland, eran imitados en sus formas de lanzar la bola, batear, atrapar la pelota, correr las bases, etcétera. Durante su adolescencia practicó los deportes, seguía de cerca y registraba en un cuaderno el desempeño de los equipos y jugadores preferidos, lo cual fue de ayuda más tarde en su vida profesional en la medición y evaluación de programas de prevención, educación y acción social.

Actividades comunitarias y extracurriculares

El joven Israel perteneció a la Liga Atlética Policíaca, en la que participó en actividades recreativas, deportivas y de acción comunal. El agente policíaco González fue su mentor en el desarrollo individual, mediante el ejercicio de cualidades de liderazgo organizacional y cívico. Defendió los colores de su equipo de "softball" y los de su escuela en juegos intramurales y regionales.

Mientras calentaba el brazo derecho para lanzar, un viernes por la tarde, con Quique Lorenzo como "catcher", Israel se fracturó la muñeca del brazo izquierdo, al caer sobre unas raíces de los árboles adyacentes a la cancha. Su hermano Enrique lo llevó al Hospital de Distrito de Aguadilla donde fue enyesado. Ese domingo tenía juegos en el parque de las Parcelas Estela; Israel jugó con el brazo enyesado y conectó un doble por la esquina del bosque derecho que fue declarado "foul". Sin embargo, Israel no quiso hacer ninguna alegación, ya que el árbitro bebía ron de una caneca que siempre tenía en su bolsillo derecho y, además, porque tenía fama de "matón". Por estas razones, Israel no quiso apelar la decisión. Para colmo de su suerte, al día siguiente, lunes, al llegar a la escuela, el joven Israel fue regañado por la Principal "Felín" Carrión, quien se enteró de su participación en el juego.

Esto demostraba que los maestros, así como los principales de las escuelas y hasta el mismo alcalde velaban por el bienestar y la conducta de sus estudiantes dentro y fuera del salón de clases. Era un verdadero sentido de convivencia en una comunidad en la cual todos los educadores, cuidaban de sus estudiantes en todos los aspectos de su vida.

En una ocasión, el alcalde Manuel García se comunicó con el padre de Israel para acusar al joven de ser comunista. Don Tomás, el padre de Israel, jamás había escuchado ese término y le preguntó a Israel, qué era eso de comunista, por lo que Israel procedió a explicarle. Luego, esa etiqueta le perjudicó grandemente a Israel para ejercer liderato al participar en actividades escolares, ya que parecía ser desagradable para el alcalde, quien fungía simultáneamente como director escolar, desde la alcaldía.

El maestro de Agricultura, el señor Collazo, apodado "El Búho" por su sabiduría y sus ojos verdes bien grandes, propició el desarrollo del liderato del joven Israel entre sus compañeros de clase, al ser elegido por sus compañeros como presidente de los Futuros Agricultores de América; y al actuar en obras teatrales como "Esta noche se juega al póker" de Berdecía, en la que caracterizó al presidente Abraham Lincoln, recitando el discurso de Gettysburg, entre otras dramatizaciones. Como proyecto de clases, el maestro Collazo le asignó un predio de terreno a cada estudiante para que sembrara una planta agrícola, cuidará de su crecimiento y obtuviera un producto. Israel tenía que, al igual que sus compañeros de clases, llevar un registro de lo observado durante todo el proceso evolutivo y de producción. Tenía que escribir un ensayo narrativo de todo el proceso y rendir un informe para presentarse en una actividad final de la clase.

Con estas actividades, se buscaba que los estudiantes desarrollaran destrezas de observación, de redacción, de comunicación y para hablar en público. La mejor presentación fue la que hizo Israel, tanto local como regionalmente, lo que a su vez lo llevó a competir con otras escuelas en representación de su región en toda la Isla. En esa oportunidad realizó su primer viaje en tren a la zona metropolitana, para llegar hasta el Club de Leones en Bayamón, donde se llevó a cabo la competencia.

También aprendió las reglas parlamentarias, al conducir las asambleas y reuniones como presidente de la Asociación de Futuros Agricultores de América. Israel siempre consideró al maestro Collazo un maestro ejemplar, durante todo el proceso de aprendizaje en la escuela intermedia.

Dentro de este escenario, surgió una oportunidad en el pueblo de Rincón para continuar estudiando en un proyecto preparado por el Departamento de Instrucción Pública, conocido como Plan Morovis, establecido inicialmente en el pueblo de Morovis, Rincón, Isabela y Villalba, y posteriormente en los pueblos sin escuelas superiores. La oferta académica consistía en la enseñanza de los cuatro cursos de Inglés, Español, Álgebra e Historia de los grados 10°, 11° y 12°. Los estudiantes asistían para tomar sus cursos una vez a la semana durante 3 horas, y recibían unas tareas en cada curso para hacerlas en el hogar. Estas tareas eran preparadas por profesores universitarios como Facundo Bueso, Alicia Cadilla y Concha Meléndez, entre otros reconocidos educadores.

Experiencias de la niñez y la adolescencia que enriquecieron su formación personal

Durante los primeros años, su vida en general transcurrió en un entorno en el que las carencias materiales fueron evidentes. Las limitaciones económicas obligaban a su familia a realizar sacrificios constantes; vivían en una casa modesta y tenían que ajustar cada gasto. La educación, aunque apreciada, a menudo se veía interrumpida por la necesidad de contribuir a la economía del hogar. Sin embargo, en medio de estas dificultades, surgió una determinación inquebrantable: Los sueños de un futuro mejor se convirtieron, desde muy temprano en su vida, en la principal motivación para enfrentar cada obstáculo.

Al llegar a la adolescencia, su determinación se volvió aún más fuerte. Buscaba los medios necesarios para apoyar a su familia y, al mismo tiempo, mantenía su compromiso con los estudios. Las noches se llenaban de libros y tareas, y los fines de semana se dedicaban al trabajo. Esta doble jornada, aunque agotadora, fortaleció el carácter del joven Israel y forjó una disciplina que fue crucial en su futuro.

Puesto que consideraba que su papá necesitaba y requería su colaboración para realizar los menesteres familiares, Israel ayudaba en todo, antes y después de asistir a sus clases. Estudiaba a diario en el transcurso de 7 a 11 de la noche, alumbrado por un quinqué de gas en una pequeña y estrecha mesa en el balcón de su casa, frente a un cañaveral que cubría todo un llano hasta la Carretera PR 115. Como resultado de la falta de tiempo, las actividades deportivas y de recreación tuvieron que ser desplazadas.

Utilizaba la bicicleta que le había regalado su hermano para asistir a clases y hacer semanalmente la compra de alimentos y otros mandados. Cuando llegaba al colmado para hacer la compra, tanto Tomasito, el dueño, como Juanito, el dependiente, confiaban tanto en Israel que le permitían despacharse sus propios productos y comestibles. Además, aprendió a enlazar la compra, usando hilo y papel de estraza; y a contabilizar los gastos, lo que le permitió reforzar los conocimientos adquiridos en cuarto grado. Tenía la habilidad de cargar el saco de las compras en la parte delantera de la bicicleta, lo cual fortalecía sus piernas para caminar y lanzar a mayor velocidad cuando "pitcheaba" y bateaba en los juegos de pelota.

Su padre acostumbraba a celebrar bailes sabatinos y dominicales con cierta frecuencia en su casa, lo que daba la oportunidad para que los jóvenes se dieran cita para compartir y bailar. Un cantante de guarachas y boleros conocido como Camacho, y un dúo de los hermanos Perea tocaban el cuatro y la guitarra, mientras Israel hacía las veces de "bartender" y aguador. Esto le hizo adquirir el amor por la música típica y romántica de la época del Trío los Panchos, el Trío Vegabajeño, los Antares, Johnny Albino y su Trío San Juan. Luego, Israel formó un trío que recorría las casas del barrio, tocando aguinaldos; y las propinas que recibían, las distribuía en partes iguales, en calidad de tesorero.

En la casa de Lola Ruiz se celebraban los Reyes Magos y la trova con los músicos del barrio, mientras Israel contribuía a repartir agua y a buscar los materiales con los cuales se preparaba el altar. Israel se consideraba un genuino aficionado de la música típica y romántica. Posteriormente, su esposa, Mercedes, fue la madrina de los tríos. En esa tradición se acostumbraba a rezar tres rosarios cantados con trovadores de música típica hasta el amanecer. Cuando amanecía, se viraban los Tres Reyes y empezaba el baile con la participación de jóvenes y adultos del sector Joya Brava de Barrio Pueblo de Rincón.

Aunque su padre le regaló un cuatro típico, Israel no logró manejarlo con destreza. Sin embargo, cuando la casa ya contaba con un radio de batería marca "Regal", Israel escuchaba la música típica de los tríos, cantantes y trovadores. Así comenzó a memorizar las canciones y a afinar de oído las cuerdas del cuatro que le regaló su papá para practicar con su trío. Visitaban las casas del barrio para entonar popurríes y cantar las canciones de Navidad. Más tarde, con algunos ahorros hechos en su faceta como músico del pueblo, Israel le regaló un acordeón a su padre para que disfrutara en su vejez interpretando su música típica.

Circunstancias históricas que perfilaron su crecimiento

La Gran Depresión, de la década de 1930 a 1940, originó una gran escasez de productos alimentarios, de recursos, y ocasionó una pobreza extrema. Como hijo menor de una familia compuesta por padre y madre analfabetos, y dos hermanos de parte de madre que le llevaban entre sí 8 y 16 años de diferencia, aprendió a la temprana edad de 5 años a compartir tareas y responsabilidades hogareñas y a cultivar valores cristianos esenciales para convivir en la comunidad y en la sociedad.

Israel vivió la participación de Estados Unidos de América en la Segunda Guerra Mundial y el reclutamiento obligatorio de jóvenes puertorriqueños que formaron parte del Ejército de Estados Unidos, particularmente en el Regimiento 65 de Infantería. Los reclutas viajaban en el segundo vagón del tren para su entrenamiento militar. En las paradas del tren se les daban golosinas y agua que consumían durante su travesía. Se mantuvo enterado de los combates, los avances y los retrocesos sufridos por los soldados de infantería en el frente de batalla, el desenlace de la guerra con el lanzamiento de la bomba atómica en Hiroshima y Nagasaki, y la rendición de Alemania y Japón. Incluso, su hermano Enrique Rosado Perea sirvió en las Fuerzas Armadas y en la defensa del Canal de Panamá; estaba a cargo de las comunicaciones con el sistema Morse.

Mientras tanto, Israel cuidaba de los animales domésticos que formaban parte del entorno familiar, tales como cabras, vacas, cerdos y gallinas que aportaban de una u otra manera a la economía del hogar. Aprendió a mantenerlos saludables, para favorecer su reproducción y preservar la especie, a fin de que aportaran al sustento de la familia.

Israel siempre rechazaba el uso de la fuerza bruta para dar solución a los problemas; creía firmemente que podían solucionarse mediante métodos pacíficos y ayuda mutua. Vio cómo la restauración de los países europeos fue posible con la implantación del Plan Marshall[7] que propició la colaboración entre los pueblos. Comprobó que la intervención de las Naciones Unidas era necesaria para impulsar la colaboración entre los países afectados por la guerra.

La Guerra Fría entre Estados Unidos y Rusia por el dominio mundial y el predominio entre naciones con regímenes democráticos versus los comunistas, despertó su interés

---

7   El Plan Marshall es el nombre por el que se conoce al Programa de Recuperación Europea anunciado por George Marshall, el entonces secretario de Estado estadounidense, en un discurso pronunciado en la Universidad de Harvard el 5 de junio de 1947. El Plan Marshall tenía el objetivo de promover la recuperación de la economía europea, en particular de los países de Europa occidental, luego de la destrucción y los problemas económicos provocados por la Segunda Guerra Mundial (1939-1945). El plan se basaba en la ayuda económica de parte de Estados Unidos a los países que aceptaran formar parte del programa. Fuente: https://humanidades.com/plan-marshall/#ixzz8UI0uI6Ey

por conocer y comparar ambos sistemas de gobierno, sus costumbres y sus modos de vida. Se interesó por conocer y estudiar la historia de su país y del conglomerado de naciones en nuestro entorno continental. Mientras crecía, se mantuvo al día sobre el desarrollo de la Guerra Fría, entre Estados Unidos y Rusia, leyendo la edición sabatina del periódico "El Mundo" y escuchando los programas presentados por WIPR radio como "Panorama Mundial" del profesor Gustavo Agrait. Se mantenía enterado de los sucesos y eventos mundiales, de historia general, antropología y sociología local. Se entretenía sintonizando la radio para escuchar las noticias, los programas musicales y los juegos de béisbol y baloncesto, entre otros deportes. Era asiduo lector de la columna titulada "El deporte en broma y en serio" de Rafael Pont Flores.

Israel observó cómo los cambios de temperatura, los períodos de lluvia y sequías afectaban las cosechas de maíz, habichuelas, gandules y frutos. Creció durante la época de la industria de la caña de azúcar, llevando la palva (desayunos), agua y otros comestibles a su padre y hermanos en el cañaveral. Experimentó de primera mano las penurias del cortador de caña con bajos salarios, en un ambiente extremadamente caluroso e incómodo, causado por el candente sol y la lluvia que afectaban la salud y el bienestar del obrero agrícola. Desde jovencito aprendió a trabajar en el cañaveral, sembrar y cortar caña, abonar el terreno, y levantarse a las 5:00 de la mañana para enyugar un par de bueyes, con los que servía de cuatrero para remolcar las carretas cargadas de caña que se atascaban en el cañaveral. Desarrolló solidaridad con el despido discriminatorio de obreros y la participación de su padre en defensa de sus compañeros de trabajo, frente a los patronos insensibles de los asalariados.

Consciente de que no contaba con los recursos para cursar estudios universitarios, Israel se mantuvo informado: leía la prensa, escuchaba la radio e indagaba diversas fuentes informativas. Así pudo conseguir ayudas económicas que solicitó, y llegó a competir con el hijo de un alto funcionario del Gobierno por una beca de estudios ofrecida a través de una posición para ingresar a la Marina Norteamericana. Por media pulgada de estatura fue descalificado. Sin embargo, ni la falta de recursos ni la descalificación experimentada aminoraron sus deseos de cursar estudios universitarios. Continuaba con el apoyo, particularmente, de su madre y de su maestra Carrión. Ante la falta de recursos, decidió conseguir un trabajo con el propósito de ayudar a su familia e iniciar sus estudios para lograr su meta de convertirse en maestro de educación secundaria.

La admiración y el respeto que Israel le tenía a sus maestros de primero, cuarto y sexto grados de escuela elemental, y por los de intermedia y superior, alimentaron y acrecentaron sus aspiraciones y vocación por la carrera magisterial. Su fuerza de carácter y su perseverancia lo mantuvieron enfocado en su vocación magisterial, criticada luego por algunos compañeros en el curso básico de Estudios Generales a nivel universitario, a los cuales se enfrentó por sus prejuicios y actos discriminatorios, ya que eran apáticos al magisterio, debido a su desconocimiento y a que iban a estudiar en otros campos profesionales. Del mismo modo, llamaba la atención sobre aquellos profesores que no se preparaban bien para ofrecer sus clases y se apartaban del contenido que abarcaba la enseñanza de sus cursos.

Así, desde su niñez, marcada por la escasez, hasta la etapa de su vida universitaria, el recorrido estuvo lleno de desafíos y logros que demuestran la inquebrantable perseverancia y el valor del esfuerzo del joven Israel. Cuando llegó el momento de la graduación de la escuela secundaria, Israel tuvo una mezcla de alivio y expectación. Aunque la puerta hacia la educación superior se vislumbraba, el camino aún era incierto. Nuevas situaciones de vida y la búsqueda de financiamiento para sus estudios se convirtieron en nuevos desafíos. Como se verá a continuación, el esfuerzo y la excelencia académica fueron recompensados en el futuro con becas que le ayudaron a abrir las pesadas puertas de la universidad.

El siguiente capítulo se dedicará a explorar las experiencias del Dr. Israel Ramos Perea durante su educación universitaria, una etapa formativa que cimentó las bases de su meritoria carrera. Se profundizará en cómo sus años académicos influyeron en su enfoque hacia la investigación y la educación, y se destacarán las interacciones, los desafíos y los logros que definieron su trayectoria temprana. Este análisis no solo permitirá apreciar las raíces de su pasión y dedicación, sino que también anticiparán cómo estos años universitarios impulsaron su visión y metodología en sus futuros proyectos de investigación y práctica profesional.

Capítulo 2
Experiencias durante su educación universitaria

Educación universitaria y vocación: dificultades iniciales y subsiguientes

Israel se graduó con altos honores en la Escuela Superior de Rincón y fue admitido a la Universidad de Puerto Rico, Recinto de Río Piedras. Inició sus estudios en la Facultad de Estudios Generales en agosto del año 1953 y posteriormente en la Facultad de Pedagogía. La vida universitaria, aunque emocionante, no estuvo exenta de dificultades. La adaptación a un nuevo entorno, las exigencias académicas y la continua necesidad de equilibrar el trabajo y el estudio fueron pruebas constantes. Sin embargo, cada día en el *campus* era una victoria. La exposición a nuevas ideas, el acceso a recursos académicos y la oportunidad de aprender de destacados profesores ampliaban los horizontes y fortalecían su pasión por el conocimiento.

Como no contaba con recursos económicos para sufragar los gastos de un hospedaje, su madre Felícita solicitó ayuda a su media hermana María Dolores Corchado Perea, casada con José Rodríguez que trabajaba de chófer en la Cervecería Corona; ellos residían en la barriada Hoare, detrás del sector Trastalleres y de la Parada 15 en Santurce. Don José añadió una pequeña habitación construida en madera y techada con zinc para acomodar a Israel. Como en toda zona arrabalera, predominaban los ruidos y fiestas en los bares, quioscos y colmados circundantes. Israel usaba un mosquitero para salvaguardarse de las picadas de los mosquitos, mientras estudiaba. Se transportaba en las guaguas de la Autoridad

Metropolitana de Autobuses, así como en lanchas y en carros públicos. Posteriormente, la familia se trasladó al barrio Amelia, localizado entre los pueblos de Cataño y Guaynabo.

Israel recuerda que las canciones de Felipe Rodríguez del Trío los Antares, entre otros intérpretes, entorpecían sus estudios, debido a que se escuchaban con un volumen bastante alto y muy cerca de su cuarto. Como resultado de esto, desarrolló un poder de concentración tan grande que lo aislaba de lo que acontecía a su alrededor. Sin embargo, esta técnica le trajo algunos "inconvenientes" a lo largo de su vida, pues la practicaba a tal grado que en su convivencia con su esposa Mercedes, a menudo se le quemaban las habichuelas cuando ella le encomendaba que estuviera atento a las mismas, pues se olvidaba de todo lo demás, debido a que estaba bien concentrado en la escritura, en la lectura o en el estudio de alguna materia.

Durante su permanencia en el hogar de su tía Lola, Israel ayudaba con la limpieza de la casa y del patio. Viajaba con poca frecuencia a Rincón en carros públicos, de donde, por lo regular, regresaba con un saco lleno de viandas para contribuir con los gastos de la familia. Posteriormente, fue asignado para prestar servicios al profesor Eugenio Fernández Méndez de la Facultad de Ciencias Sociales, con una compensación económica. De esta manera, Israel comenzó a familiarizarse con el proceso de investigación, recopilación de información, datos y documentos históricos y antropológicos, artículos periodísticos y de revistas profesionales. La información recopilada contribuiría luego a la publicación de varios libros de la autoría del profesor Fernández Méndez y de Israel Ramos Perea. Reconocía a su vez a otros profesores que sobresalían en la enseñanza de las Humanidades, Español e Historia. Con mucho agrado y respeto admiraba la influencia ejercida por Antonio Rivera, Adela Clark y Pilar Barbosa.

Siempre tuvo un alto sentido de compromiso con su educación y la de sus compañeros. Requería de sus profesores universitarios que cubrieran el contenido de los cursos de su concentración, particularmente porque a la vez que aprendía, se preparaba para enseñar esas materias como maestro de nivel secundario. De igual manera, era usuario de la biblioteca José M. Lázaro de la Universidad de Puerto Rico, Recinto de Río Piedras, y de las salas de revistas, de música y del museo, a las cuales acudía para investigar, estudiar, recopilar datos e información para redactar y preparar informes en las materias de estudio.

Ovidio e Israel ejercieron un gran liderato entre el estudiantado, especialmente entre el de la Facultad de Pedagogía, debido a que los compañeros de estudio provenían mayormente de familias de escasos recursos económicos y no sabían defender sus derechos. Por ejemplo, se les hacía bien difícil a los varones utilizar chaquetas, de manera compulsoria, cuando tenían que hacer la práctica docente, por cuanto no existían los acondicionadores de aire. Liderados por Israel, plantearon el problema ante los miembros de la facultad, y lograron que se liberara a los estudiantes de tan incómodo requisito.

A raíz de la huelga estudiantil realizada en el 1948, estaba prohibido realizar reuniones y asambleas. No obstante, Israel pudo conseguir los permisos requeridos del decanato y así se logró constituir el primer Consejo de Estudiantes de la Facultad de Pedagogía en el Recinto de Río Piedras. Fue sobresaliente la expulsión de dos prominentes líderes estudiantiles, José Luis Landín y Juan Mari Bras. Entre los miembros fundadores, Israel fue nombrado tesorero del Consejo. Bajo su liderato, se logró una ayuda económica para los que ejercían la práctica docente. De igual manera, aunque se oponían a la celebración de un certamen para seleccionar a una reina, lograron que la patrocinadora del evento aportara con los gastos incurridos por la candidata que representaba la Facultad de Pedagogía. Además, lograron que profesores comparecieran a una reunión citada por el Consejo de Estudiantes para dirimir diferencias relacionadas con la práctica docente, como la de un profesor visitante, notorio porque preparaba exámenes bastante difíciles en Humanidades, que causaron protestas masivas entre el estudiantado.

En su faceta como maestro, Israel realizó la práctica docente en la Escuela Superior Central de Santurce, en el curso de Historia General, bajo la supervisión y tutela de la reconocida maestra Del Toro, quien años más tarde llegó a ser su colega en la Facultad de Pedagogía. La profesora Del Toro fue de gran ayuda en el uso de diversas estrategias y técnicas de enseñanza y en las maneras de conducir el aprendizaje de sus estudiantes.

Se graduó con honores *Cum Laude* con un Bachillerato en Artes de la Educación, otorgado por la Universidad de Puerto Rico en Río Piedras, a fines de mayo de 1957. El diploma fue firmado por el licenciado Jaime Benítez, rector, y Francisco Collazo, comisionado interino del Departamento de Instrucción Pública del Estado Libre Asociado de Puerto Rico. Recibió un Certificado de Maestro que lo autorizaba a ejercer como maestro de escuela secundaria en las escuelas públicas del país. El primer certificado se le otorgó por un periodo de 4 años, desde el 1 de julio de 1957 hasta el 30 de junio de 1961, con el número de licencia 1657. El segundo certificado se le otorgó por un período de 6 años, desde el 1 de julio de 1961 hasta el 30 de julio de 1967.

Entonces, regresó a su pueblo natal sumamente agradecido de Dios Todopoderoso, de sus padres y hermanos; de su tía Lola y de José, esposo de su tía, que le dieron albergue; y especialmente de sus maestros de todos los niveles escolares por haber logrado su meta primordial de convertirse en maestro de escuela secundaria. Muy pocos pronosticaban el logro obtenido con grandes sacrificios, firmeza de carácter, persistencia y confianza en sí mismo. Cuatro compañeros y amigos de infancia asistieron a los ejercicios de graduación y celebraron por varios días en la zona metropolitana, antes de regresar a su queridísimo Rincón, pueblo de los bellos atardeceres.

De regreso a la Facultad de Pedagogía, en la primera reunión celebrada por el siguiente Consejo de Estudiantes, hizo entrega de un informe en el que se especificaban los ingresos y desembolsos incurridos, y un estado financiero actualizado disponible y entregado al siguiente tesorero. Esto gracias a que Israel aprendió, sin tener preparación en finanzas, a confeccionar un presupuesto, cuando tenía a su cargo hacer las compras de comestibles, entre otros menesteres; su cargo le permitió aplicar los conocimientos adquiridos en su adolescencia.

Durante tres veranos viajó a New York para poder continuar sus estudios universitarios. Residió en un proyecto de viviendas y más tarde en el hogar de su hermano Quique, su esposa Alma Elías y sus 3 hijos y 1 hija. Israel fue moderado y cauteloso en el manejo de una beca de $25.00 dólares mensuales y de los ahorros derivados de su trabajo de lavaplatos, entrega de comidas, mesero y "sandwich man" en una cafetería y en una cabaña de espectáculos en New York y New Jersey.

Durante el primer año de estar impartiendo cursos en la Escuela Superior de Rincón, recibió dos ofertas de trabajo: Una del Departamento de Justicia en la rehabilitación de los jóvenes transgresores y desertores escolares que, aunque le llamaba la atención, no aceptó, y la segunda oferta de trabajo, de la Autoridad de Acueductos y Alcantarillados para ocupar el puesto de director de una agencia comercial con un puesto, salario y beneficios en el cuarto rango de una escala de siete posiciones ascendentes. Para este puesto, compitió con otros aspirantes; sin embargo, ganó el puesto y fue reclutado junto a otro candidato, con el compromiso de asistir a un adiestramiento de varios meses antes de ser nombrado por la agencia comercial. Aceptó el ofrecimiento con la condición de que se le permitiera seguir estudiando hasta hacer una maestría en la Universidad de Puerto Rico.

Reclutamiento y servicio militar obligatorio

Una semana antes de terminar el período probatorio, recibió dos cartas del Departamento de Defensa de los Estados Unidos para que ingresara, en forma obligatoria, a las Fuerzas Armadas. El director de Acueductos y Alcantarillados hizo gestiones con el coronel Cordero, que tenía a cargo la Guardia Nacional, para que se le permitiera a Israel realizar los ejercicios militares durante los fines de semana para poder estudiar. El coronel Cordero le indicó que la única persona que podría aprobar la transferencia era la persona a cargo de la Oficina de Reclutamiento de Rincón, su pueblo natal. Israel y su padre fueron al Centro de Reclutamiento de Rincón a realizar la gestión pertinente; la solicitud fue rechazada de plano por la persona a cargo de la oficina, expresando que "el pobre tenía que servir obligatoriamente" en el Ejército de los Estados Unidos. Israel, que conocía a los dos hijos de este reclutador, le increpó por qué razón él tenía que ingresar, mientras sus dos hijos no tenían que servir en el Ejército. El reclutador se quedó sin respuesta.

Molesto por perder la oportunidad de una posición ejecutiva y de continuar estudiando a causa del servicio obligatorio, le indicó que no ingresaría voluntariamente y que fueran a arrestarlo a su casa. No obstante, por consejo de su señor padre, accedió y a los dos meses viajó en el carro público hasta la Parada 8 en Santurce, donde estaba la Oficina de Reclutamiento y posteriormente se presentó en el campamento militar Fuerte Buchanan, para tomar los exámenes físicos y académicos requeridos, previo al adiestramiento militar.

Israel, a propósito, obtuvo una puntuación de cero en los exámenes, "colgándose" en la prueba de inglés, por lo que recibió "tremendo regaño" del oficial de reclutamiento, quien le requirió y señaló que no era posible esa puntuación ya que era graduado de universidad con honores y maestro de escuela. Además, lo castigó severamente, imponiéndole, bajo la supervisión de un sargento, que recortara la maleza de malojillo que cubría la larga zanja que cruzaba todo el campamento. No suficiente con esto, un día le ordenó que pintara todos los dormitorios ocupados por los oficiales de turno; y que, además, "se preparara", porque al amanecer siguiente salía un barco con destino a New Jersey donde iniciaría su adiestramiento militar.

Adiestramiento en Fort Dix, New Jersey, Fort Bliss, Texas, y servicio en Okinawa, Japón

Dedicó cerca de dos años al servicio militar; ingresó como soldado de infantería y artillería. Sin embargo, este período se caracterizó por mucho discrimen racial, étnico y socioeconómico contra su persona. Aunque ingresó en el Campamento Buchanan el 8 de junio de 1958, realizó el entrenamiento básico de infantería durante ocho semanas en Fort Dix en New Jersey, donde sufrió temperaturas sumamente frías para un "jíbaro" procedente del trópico. Como soldado, tenía que enfrentar fuertes y retantes ejercicios de resistencia física y emocional. Tenía que cargar un pesado rifle M-81 en sus espaldas, la cantimplora y la máscara antigás. Entre los ejercicios, tenía que cruzar gateando un largo trecho de una laguna enfangada y cubierta de alambres de púas, escalar una barrera bien alta, avanzar al lado contrario e invadir el supuesto terreno enemigo. En un entrenamiento, el recluta Israel logró cruzar y alcanzar el objetivo trazado, a pesar de que se le dañó la máscara antigás en medio de largo y enfangado trayecto. Debido a que no asistió a la enfermería para recibir asistencia médica, este grave incidente le afectó las vías respiratorias a lo largo de su vida.

Una vez finalizado el primer adiestramiento básico, asistió al segundo adiestramiento militar especializado combinado entre el Ejército (ARMY) y la Fuerza Aérea de los Estados Unidos de América (USAF). Este adiestramiento se llevó a cabo en un desierto en el estado de Texas. El campamento Fort Bliss está ubicado cerca de la frontera de El Paso, México. El ejercicio consistía en disparar cohetes y misiles Hércules con capacidad atómica, dirigidos a derribar aviones enemigos.

Su primer trabajo consistió en dar mantenimiento a las plantas eléctricas utilizadas para mantener funcionando la base militar. Más tarde fue promovido y trasladado para hacerse cargo del almacén de piezas y partes de todo el equipo requerido por los radares que proveían la defensa aérea del lugar. Sirvió en ambas capacidades; posteriormente, en Okinawa, Japón. El capitán y el oficial a su cargo reconocieron la labor realizada en el desempeño de sus responsabilidades, al proveer a tiempo el equipo y las partes de repuesto solicitadas, de los hangares de California para mantener funcionando a capacidad la defensa antiaérea. Asumió el puesto de "Ordinance Supplies Specialist" equivalente a un encargado de inventario en el área civil. Rechazó ofertas de ascenso para continuar en el Ejército. En un calendario colgado de su encasillado registraba los días que le faltaban para salir del Ejército, el cual era retirado y destruido por un sargento a cargo de la barraca, cada vez que ocurría una inspección. Recibió las medallas de buena conducta y se licenció el 3 de mayo de 1960, habiendo servido 1año, 6 meses y 26 días en el Ejército de Estados Unidos.

El viaje de regreso desde Okinawa hasta San Francisco se dilató debido a que el avión que era de la Fuerza Aérea sufrió varios desperfectos por lo que tuvo que hacer un par de paradas para ser reparado. No fue posible volar a la base Ford Dix en New Jersey a causa de una huelga de pilotos comerciales. Por esta razón viajó en tren desde California hasta New Jersey y se le requirió que se hiciera cargo de acompañar a 3 soldados y controlarlos ante la presencia femenina, ya que ellos eran sumamente violentos y mujeriegos, provenientes de Alaska.

El soldado Israel obtuvo permiso para licenciarse en menos tiempo del requerido de 2 años en recompensa por la labor realizada y ante la necesidad de regresar a Puerto Rico, debido a que su tío político José Rodríguez falleció de cáncer, sin que Israel lograra verlo ni proveerle la ayuda que necesitaba.

Ejercicio de la profesión y vocación magisterial

A su regreso, la posición que tenía en la Autoridad de Acueductos y Alcantarillados antes de ingresar al Ejército ya no estaba disponible. Por tanto, volvió al magisterio en la plaza que anteriormente había ocupado como maestro de educación secundaria en la Escuela Superior de Rincón. El certificado de maestro lo autorizaba a trabajar por un periodo de 6 años, desde el 1 de julio de 1961 hasta el 30 de junio de 1967. Nuevamente tenía la responsabilidad de enseñar Historia General, Historia de Puerto Rico y de Estados Unidos y Español en los grados 10° y 12°. Enriquecía la enseñanza de sus cursos, incorporando y haciendo referencia a los eventos, pasajes y circunstancias que se observaban en su entorno y los recopilados en los periódicos, revistas y documentos, entre otras fuentes formales e informales. Se sentía plenamente satisfecho y a gusto al impartir clases en la escuela secundaria de su pueblo natal, Rincón. Su meta de lograr estudios universitarios en educación se había logrado y culminado plenamente al poder enseñar las clases de las cuales se graduó en la Escuela Superior. Con este logro, había cerrado un círculo perfecto.

Antes de finalizar de impartir el segundo semestre escolar, recibió una carta del doctor Augusto Bonis, decano, para comparecer a una entrevista grupal en la cual se seleccionarían candidatos para ocupar plazas docentes en la Facultad de Pedagogía de la Universidad de Puerto Rico, Recinto de Río Piedras. Asistieron alrededor de 30 candidatos, y al final del proceso, solo dos fueron seleccionados y asignados al Departamento de Fundamentos de la Educación, uno fue un maestro recomendado por el Rector Jaime Benítez; y el otro, Israel Ramos Perea. Luego, otros dos candidatos fueron asignados al Departamento de Programas y Enseñanza para dar clases, inicialmente en la Escuela Superior de la Universidad, hasta que eventualmente ambos fueron promovidos y asignados al Departamento de Programas y Enseñanza para el cual fueron reclutados originalmente. Se les requería que al terminar su período probatorio de un año, iniciarán estudios de maestría fuera de Puerto Rico. Israel solicitó y logró que se le permitiera permanecer un año adicional para proveer ayuda a su padre enfermo.

Durante este tiempo, la carga académica consistía en la enseñanza a cuatro secciones de un curso, dos de su entera responsabilidad y los restantes en equipo con otro profesor con más experiencia. Israel reconoció y agradeció la ayuda y mentoría prestada por el profesor Luis Nieves Aponte en la enseñanza de dos secciones de un curso de Educación 208 en el Departamento de Fundamentos de la Educación. Reconoció también el compañerismo experimentado y compartido por sus colegas y la oportunidad concedida por la decana académica, profesora Aida Vergne y el doctor José Cáceres, director del Departamento de Fundamentos de la Educación para dirigir el Proyecto Comunidad Las Monjas en la Parada 27 de Hato Rey.

A pesar de ser considerado y seleccionado para ambos puestos a nivel ejecutivo, al doctor Ramos Perea nunca le interesaron las posiciones de poder porque no le gustaba "perder el tiempo en minucias burocráticas", que no le dejaban resolver los problemas. Esto a pesar de que en las evaluaciones de candidatos para posiciones ejecutivas siempre resultaba como opción número uno. Al considerar que el proyecto comunal presentaba mayor necesidad, aceptó dirigirlo por un año.

Como ejemplo de esto, en una ocasión, el presidente de la Universidad de Puerto Rico, Lic. Francisco Agrait, lo entrevistó para ofrecerle la Rectoría de Aguadilla. Ya en la entrevista, el profesor Ramos Perea le explicó cómo él podía colaborar para ampliar el currículo que hasta ese entonces existía en el Recinto. La idea era expandir varios programas e integrarlos con la industria del pueblo de Aguadilla, utilizando las computadoras de aquel entonces, de manera que el Recinto se involucrara en asuntos de la comunidad. Esto iba cónsono con sus inquietudes como sociólogo, puesto que siempre estaba interesado en integrar la comunidad para acción social. A pesar de que el comité evaluador que entrevistó al profesor Ramos Perea quedó impresionado y encantado con sus ideas, Israel no aceptó la posición debido a varias razones; entre ellas, sus distintas visiones de la administración central. En ese momento se querían convertir los centros en recintos, mientras que Israel consideraba que esos centros debían ser utilizados para los cursos básicos, pero los bachilleratos y otros grados superiores se le debían dejar a la Universidad de Puerto Rico, Recinto de Río Piedras. En aquel entonces prevaleció la visión de los políticos de convertir los centros en recintos. Sin embargo, con el pasar de los años, el tiempo le dio la razón a Israel, ya que aquella decisión de convertir los centros en recintos, trajo consigo el problema de la duplicidad en las administraciones, que resultó en la merma de los fondos de la Universidad en general, debido a que la parte administrativa utilizaba los fondos que le correspondían a la parte educativa, problema que persiste hasta hoy día.

De igual manera le sucedió en American University of Puerto Rico, ya que su presidente, Juan B. Nazario le solicitó a Israel fuera vicepresidente de Asuntos Académicos, pero Israel siempre le contestaba que no le interesaba. Ante tanta insistencia del presidente Nazario, en una de esas ocasiones Israel le contestó afirmativamente, pero a los 5 minutos regresó a la oficina del presidente para decirle que renunciaba al puesto; y esto debido a que el doctor Ramos sabía que el puesto requeriría mucha burocracia y a él nunca le han interesado "las posiciones de poder"; lo que siempre le ha interesado es encontrar de qué manera se puede ayudar a los que más lo necesitan.

En otro momento, respondiendo a la insistencia del presidente Nazario, para "quitárselo de encima", Israel le dijo al presidente que él aceptaba la propia presidencia con la condición de que él, Juan B. Nazario, se fuera para Florida a vacacionar y lo dejara trabajar; y que le rendiría cuentas mediante informes escritos y vía telefónica. Como Israel sabía que eso no iba a suceder, entonces le pidió al presidente que lo dejara como "Senior Researcher", puesto que ocupó hasta que se retiró de esa universidad.

Contribución comunitaria

Israel dedicó su tiempo, conocimiento y liderato, no solo al ámbito universitario, sino que además tuvo la oportunidad de dirigir un proyecto en la comunidad Las Monjas que constaba de 14 calles. Israel ofrecía cursos temprano en la mañana hasta las 9:00 am, y a esa hora partía para dirigir el proyecto comunitario. Así, ejerció como director del Proyecto Comunal Las Monjas. Además, codirigió el campamento estudiantil de verano, celebrado durante los meses de junio y julio en el barrio

Mata Cañas de Orocovis. Ambas experiencias ampliaron y fortalecieron los conocimientos y destrezas de investigación necesarios para realizar estudios particularmente en áreas de pobreza. Los resultados obtenidos de un estudio de la comunidad propiciaban el establecimiento de programas de acción social. Como resultado de estos, se crearon diversos programas multidisciplinarios para los jóvenes, entre los que se destacaban un centro de salud y un gimnasio en el que el campeón mundial de boxeo, Wilfredo Gómez, hizo sus primeros entrenamientos en Hato Rey. Declinó otras ofertas de naturaleza administrativa, como dirigir decanatos académicos y la rectoría del Colegio Regional en Aguadilla, para continuar en la cátedra y en sus investigaciones.

La huella que dejó Israel en esa comunidad fue tan significativa que al año de haber terminado sus labores en la misma, lo visitó una comisión de residentes con el propósito de ofrecerle apoyo para que fuera representante a la Cámara de Puerto Rico en representación de ese distrito. Israel les estuvo muy agradecido, pero declinó la oferta porque su compromiso estaba con la educación y la enseñanza a los jóvenes, y la necesidad de continuar estudios de maestría y doctorado.

La falta de recursos económicos estuvo siempre presente a lo largo de sus estudios elementales, secundarios y universitarios. Estas carencias aumentaron inicialmente, debido a la obligación contraída al aceptar la posición de profesor auxiliar en la Facultad de Pedagogía; la ayuda económica ofrecida por la Universidad de Puerto Rico era insuficiente para sufragar todos los gastos de estudio. Por tanto, realizó muchas gestiones para conseguir apoyo. Se comunicó con profesores y fue aceptado en varias universidades de los Estados Unidos de América. Indagaba sobre los tipos de ayuda y de trabajo disponibles. Sobre estas ayudas, varios compañeros de la Universidad de Missouri fueron instrumentales al orientarle para que solicitara una posición como investigador auxiliar. Aunque fue admitido en otras universidades estadounidenses, le atraía mucho la de Missouri porque se matricularía en un proyecto sobre difusión de información agrícola en intercambio entre agricultores del norte y del sur del estado de Missouri en los Estados Unidos de América.

En Puerto Rico, su padre bastante enfermo, decidió vender las dos cuerdas de terreno, ya que no podía atenderlas y comenzó a construir una casa con la ayuda de sus hijos Quique y Alfredo en las parcelas Estela, que eran más accesibles al pueblo de Rincón, donde podía ser atendido con mayor facilidad. Además, con la venta del terreno, le dio $1,000 dólares a Israel para que iniciara sus estudios de maestría, y recibió, asimismo, el apoyo de su madre y ambos hermanos. Por un lado, la enfermedad de su padre fue un disuasivo inicial y una gran dificultad, hasta que posteriormente falleció de un cáncer pulmonar. Por otro lado, la ayuda económica fue un gran aliciente para que iniciara su encuentro con la vocación de investigar eventos, conductas y situaciones que requerían ser solucionadas.

Otra de las ingeniosas fuentes de recursos económicos que obtuvo fue cuando le solicitó, auxilio al propio rector de la Universidad de Puerto Rico, Dr. Jaime Benítez, mediante una carta, en la cual le explicaba que tanto él como su esposa Mercedes necesitaban ayuda económica. Esto conmovió de tal manera al rector que le refirió el caso al director de la Oficina de Asistencia Económica, y este le sufragó parte de los gastos de sus estudios universitarios.

En ese entonces, se le autorizó la realización de un estudio entre jóvenes migrantes, inicialmente utilizando una cuarta parte de su tiempo dedicado a la docencia. Posteriormente, fue asignado para realizar un estudio en el Centro de Investigaciones Pedagógicas, adscrito al Departamento de Estudios Graduados la Facultad de Educación de la Universidad de Puerto Rico. Una vez finalizado el proceso y las tareas específicas en el diseño y la aplicación de la metodología propuesta y la recogida de los datos, solicitó y obtuvo una licencia sabática para culminar sus estudios y obtener un doctorado de la Universidad de Missouri.

Doctora Mercedes Otero de Ramos: Compañera de vida

Además de impartir cursos en los Fundamentos Sociales de la Educación, el profesor Israel Ramos Perea se mantenía bien atento a las necesidades de los estudiantes, particularmente de los que se dedicarían al magisterio. Servía de orientador y consejero de todos, especialmente de los del Consejo de Estudiantes de Pedagogía. En ese ámbito, Israel conoció a la secretaria de una directiva, con unos rasgos de liderazgo ejemplares que llamaron su atención. Esa secretaria se llamaba Mercedes.

Oriunda del barrio Cialitos de Ciales, sus padres migraron a Río Piedras para que sus hijos, siete varones y tres mujeres, estudiaran en la Universidad de Puerto Rico. Pedro, el mayor, estudiaba leyes y necesitaba ayuda para continuar sus estudios. Mercedes estudiaba y trabajaba a tiempo parcial en la Oficina del Registrador y a la vez ayudaba con la crianza, particularmente, de sus dos hermanas menores, Zaida Margarita y Aida Teresa, y ayudaba a leer a un estudiante ciego que se hospedaba en su casa. Por tal razón, Mercedes tardó ocho años en graduarse, enfrentándose a un impedimento mayor ocasionado por una acción discriminatoria de un conocido profesor de Economía. Este curso que era requerido para graduarse del bachillerato de Educación Comercial. Ese profesor rechazaba que las féminas asistieran a su curso, sin otra razón que prejuicios machistas. Sin embargo, más adelante, por designios del destino, cuando ese profesor representaba a su facultad en el Senado Académico, fue cuestionado y confrontado por el Prof. Ramos Perea, quien era también senador por la Facultad de Pedagogía.

Mercedes e Israel sostuvieron un corto noviazgo. Con el propósito de conseguir más recursos, Israel trabajó durante el verano en un proyecto de desarrollo educativo y comunal con estudiantes de diferentes facultades en el barrio Mata de Cañas del pueblo de Orocovis. Tan pronto terminó el verano, y graduada Mercedes, se casaron y pasaron unas cortas vacaciones de dos semanas con su hermano Quique y su familia en New York, y viajaron a Missouri.

Visitaron lugares históricos, museos, centros de investigación y la sede de la Asociación Nacional de Educación, entre otros lugares turísticos y académicos. Su hermano poseía un taxi en el cual los transportaba para facilitar su travesía. El viaje de New York a San Luis fue por avión, y en taxi hasta Columbia, Missouri. El chofer, muy gentil, les dio un paseo para que conocieran la ciudad y el *campus* universitario, antes de dejarlos en un hotel adyacente a la Universidad. El profesor Alex Campbell los recibió al llegar al Departamento de Sociología y Antropología, y fue de gran ayuda todo el tiempo, durante sus estudios de maestría y posteriormente de doctorado.

Así, llegaron a Columbia, sin conocer a nadie. Hábil en las destrezas de comunicación e interacción social, Israel se dedicó a conocer su comunidad, compartiendo con residentes de la ciudad, viajando a los lugares históricos y haciendo amistades. Una vez aprobados todos sus cursos, regresó a la Facultad de Pedagogía para enseñar cursos subgraduados y graduados. Esto, aunque su consejero le ponía presión para que continuara su disertación en la difusión y comunicación de la práctica innovadora agrícola. En contraparte, Israel le señaló las necesidades que confrontaban los niños y jóvenes emigrantes, que regresaban a seguir estudiando en las escuelas públicas de Puerto Rico, tema que consideraría en su disertación doctoral.

Como regularmente ocurre, los dos se enfrentaron a dificultades que tenían que vencer como extranjeros. Los recién casados se hospedaron en una casona estilo colonial en un pequeño apartamento a pocos pasos del *campus* universitario. Sin automóvil, caminaban para las clases y estudiaban en la biblioteca; asistían a Misa los domingos, hacían las compras en el supermercado cercano y solucionaban todas las necesidades que confrontaban. Los escollos y obstáculos siempre estaban presentes. Los gastos de matrícula subieron a tal punto que les impedía a ambos cónyuges culminar sus estudios doctorales.

En esa época, la Fundación Ford divulgó una propuesta competitiva para sufragar parte de los gastos de estudios graduados entre estudiantes migrantes. Ocho estudiantes lograron obtener la beca, siendo Israel el primero y único puertorriqueño en conseguirla. Con parte de ese dinero logró pagar los gastos de matrícula, incluido un altísimo gasto incurrido por no ser residente del Estado. Por tanto, siguió buscando ayudas que le facilitaron continuar los estudios a Mercedes, ya madre de Pedrito, su único y adorado hijo. Según los estudios le requerían más tiempo, hubo la necesidad de buscar ayuda para la crianza de Pedrito, lo que constituyó una inversión adicional pero muy necesaria. Durante ese tiempo, Pedrito sufrió una caída de su cama y tuvo que ser atendido en una sala de emergencia en un hospital de Columbia, Missouri.

Israel continuaba muy atareado mientras asistía a sus cursos, trabajaba en el proyecto de investigación y ayudaba en las tareas domésticas. Convenció a Mercedes para que se matriculara en un curso en el campo de la educación para que perdiera el miedo que tenía a conversar en inglés. Le regaló una grabadora para que practicara y pudiera rendir informes orales frente a todos sus compañeros de estudio. Sin embargo, ella rehuía quedarse en el salón para evitar comunicarse con los demás estudiantes del grupo y con su profesor.

Israel recuerda que el primer informe de Mercedes fue traumático porque comenzó muy bien expresándose en inglés, pero a mitad de este se dio cuenta de que estaba brindándolo en el idioma español. Como resultado de su traspiés, comenzó a llorar, pero el profesor la calmó y le expresó que se sintiera orgullosa ya que podía comunicarse bien en dos idiomas, mientras él y sus compañeros de clase solo podían hacerlo en un idioma. La experiencia le sirvió de aliciente para continuar en el futuro sus estudios de maestría. Mercedes obtuvo su Bachillerato en Educación y luego, el grado de Maestría en Educación, en 1963. La Universidad de Missouri le otorgó, posteriormente, el grado de Doctor en Filosofía y Sociología, el 15 de mayo de 1982.

Mercedes se familiarizó e incursionó en el campo de la sociología, mientras transcribía en maquinilla todos los trabajos de investigación preparados y redactados a mano, requeridos en cada uno de los cursos tomados por Israel durante sus estudios de maestría y doctorado en la Universidad de Missouri. Este trabajo en equipo facilitó su entrada y desarrollo profesional con su vocación de investigadora, en la que debió enfrentar contratiempos, prejuicios y limitaciones en el transcurso de sus estudios.

Pero no solo en el ámbito académico sufrió prejuicios. Varios de los miembros de su familia sintieron celos y se preocuparon demasiado por el matrimonio de "la hija mayor de la familia", por lo que realizaron frecuentes visitas para verificar cómo vivía y era tratada por su marido; incluso, Israel fue increpado por residir en un "apartamento inapropiado", según su criterio; apartamento que ambos convirtieron en el mejor de todos. Muy frecuentemente, Mercedes también recibía cartas que la hacían llorar porque le contaban sobre el mal estado de salud de su madre, hasta el punto en que Israel utilizó los últimos $500 dólares que le quedaban de la ayuda de su padre, para visitar a su familia y conocer su condición, que era muy diferente a la expresada en las cartas.

Los obstáculos se incrementaron cuando, a las dos semanas de volver de Puerto Rico, Israel tuvo que regresar nuevamente a la Isla, a su pueblo natal para atender la enfermedad y muerte de su progenitor. Por esta acción, enfrentó la oposición de sus maestros, y de su jefe y director del proyecto de investigación y de su tesis de maestría. Como tenía un compromiso contraído con una ayuda institucional, Mercedes lo sustituyó durante su ausencia y realizó labores secretariales mientras se familiarizaba con el proceso de investigación científica. Esta experiencia le sirvió de motivación para continuar estudiando, hasta que ambos lograron graduarse con un doctorado en Sociología.

Estudiante sobresaliente

A su regreso de la Isla, Israel tuvo que tomar todos los exámenes finales, en los que incluso le bajaron las notas por regresar tardíamente a comenzar los cursos durante el segundo semestre. Por esta razón, Israel les expresó a sus dos profesores que le bajaron la nota de "A", a "B" que su interés estaba en aprender y dominar el contenido y no en obtener buenas notas, pero que les demostraría que iba a ser el mejor de sus estudiantes. Aprendió y utilizó diversos marcos teóricos y diversas estrategias metodológicas de investigación en la preparación y presentación de los trabajos investigativos y requeridos en los cursos graduados. Así, en efecto pudo demostrar sus conocimientos aprendidos cuando sus exámenes comprensivos fueron entregados al director del Departamento de Antropología y Sociología.

Tal fue el esfuerzo de superación de Israel, que ambos profesores expresaron que los próximos estudiantes deberían leer los exámenes comprensivos contestados por Israel Ramos Perea para que sirvieran de ejemplo a estudiantes graduados y los usaran de guía sobre cómo se deben contestar los exámenes comprensivos.

Luego, los profesores invitaron a Israel para escribir un libro juntos, invitación que declinó, indicándoles que no lo haría por haber sido prejuiciado al inicio de sus estudios doctorales. Esto le ganó la confianza y el respeto de todos los profesores, a tal punto que le asignaban el corregir y asignar puntuaciones a los trabajos y exámenes contestados por sus compañeros de clase, excepto los realizados por él mismo, los cuales eran corregidos y evaluados por el profesor del curso. Igualmente, fue invitado a dar conferencias y a participar en diversos talleres celebrados usualmente en el centro de estudiantes.

El joven Israel, con un bachillerato en Educación Secundaria, obtuvo el grado de "Master of Science", con especialidad en Sociología Rural, el 17 de agosto de 1964. El grado de Doctor en Filosofía le fue otorgado el 21 de diciembre del 1972. Ambos grados fueron conferidos por la Universidad de Missouri en la ciudad de Columbia, estado de Missouri. Las dos tesis de su autoría se conceptualizaron, empleando marcos teóricos, metodología y técnicas de investigación científica en el acopio, codificación, procesamiento, análisis estadístico, interpretación y redacción de los resultados del estudio.

Desde bien temprano en el ejercicio de su carrera profesional en el magisterio, utilizó y orientó a los estudiantes y a los compañeros maestros en el uso del proceso de investigación como estrategia de enseñanza para enriquecer y actualizar el conocimiento curricular en las materias de estudio.

Mercedes e Israel formaron un equipo de trabajo que rindió frutos, aportando a través de la enseñanza de los cursos de métodos de técnicas y estrategias de investigación aplicada a campos de Educación y Ciencias Sociales. Por otro lado, su aportación se aprecia con los estudios realizados y con el asesoramiento brindado a estudiantes en la preparación de sus tesis de maestría y doctorado. Haber pasado necesidades de toda índole, sobre todo a la hora de costear sus estudios, caló en él un profundo compromiso de ayudar a las nuevas generaciones de jóvenes estudiantes con carencias económicas, pero con el deseo de progresar.

De esta forma, la culminación de su educación universitaria fue una etapa de inmensa satisfacción y orgullo. Fue el resultado de años de sacrificio, trabajo duro y una inquebrantable voluntad de superar la adversidad. La historia de esta transformación, desde una niñez llena de carencias hasta la realización de una vida universitaria, es un testimonio de la resiliencia humana y la importancia de la educación como herramienta para cambiar el destino.

De igual manera, se observan sus aportaciones en el campo de la investigación, administración, adiestramiento de personal y ejecución de posiciones y programas de prevención y de acción comunal y social. Se señala a continuación evidencia empírica de su contribución, pionera en la investigación científica-social e institucional de Puerto Rico.

El próximo capítulo se sumergirá en la trayectoria del Dr. Israel Ramos Perea como pionero de la investigación en Puerto Rico, y destacará su papel fundamental en la evolución del ámbito académico y científico-social del país. Se analizarán sus logros más significativos y cómo sus innovaciones metodológicas y teóricas han trazado el camino para futuras generaciones de investigadores. Este análisis no solo reconocerá su influencia perdurable en el desarrollo de la investigación puertorriqueña, sino que también anticipará cómo su legado puede seguir inspirando y guiando el progreso en diversas disciplinas académicas en los años venideros.

Capítulo 3
Pionero de la investigación en Puerto Rico

Pionero del campo investigativo

El Dr. Israel Ramos Perea en su larga trayectoria y peregrinar en la enseñanza, enriquecía la misma con la investigación como estrategia pedagógica, para que sus estudiantes observaran sistemáticamente su entorno social, a fin de estudiarlo, evaluarlo y propiciar cambios estructurales y funcionales. Además de estimular a sus estudiantes a realizar estudios e investigaciones, servía de ejemplo, al realizar sus investigaciones sociológicas y evaluaciones de programas orientados a mejorar y a propiciar cambios estructurales y funcionales.

Se inicia formalmente con un estudio evaluativo del Programa de Adiestramiento ofrecido a los técnicos de servicios sociales y a los trabajadores sociales que prestaban sus servicios a las familias con niños en 1975. El Programa de Adiestramiento fue auspiciado por la Escuela Graduada de Trabajo Social de la Universidad de Puerto Rico, Recinto de Río Piedras, la División de Adiestramientos del Departamento de Servicios Sociales de Puerto Rico y la Administración de Servicios a la Comunidad del Departamento de Salud, Educación y Bienestar de los Estados Unidos, a través de la propuesta 426.

Se considera pionero en el campo investigativo aplicado en la evaluación estructural y operacional de instituciones y programas de acción social, educativa y de conducta preventiva. Preparaba los diseños de evaluación y muestreo, los instrumentos de investigación y validación estadística, y la administración de los cuestionarios y los resultados con sus implicaciones teóricas, metodológicas y de aplicación práctica.

Se presenta a continuación una muestra parcial de evaluación formativa y sumativa de instituciones, programas, proyectos y actividades conducidas a lo largo de su peregrinación pedagógica e investigativa. Por un lado, utilizaba y validaba instrumentos de medición disponibles para dar continuidad en su uso y hallazgos. Por otro lado, preparaba instrumentos para ser utilizados por primera vez en la evaluación de programas institucionales. Así, utilizó extensamente el Inventario Minnesota de Actitudes de Maestros, y reconoció la aportación de sus creadores. Por otro lado, preparó y validó pruebas de conocimientos de actitudes específicas para cada evaluación. Utilizó extensamente la escala de "Rensis Lickert" de cinco y hasta siete categorías ordinales en la medición de actitudes, conocimientos y la satisfacción e insatisfacción de los estudiantes participantes y maestros bajo observación y estudio.

Se considera pionero en el uso de la observación partícipe y evaluación cualitativa y cuantitativa en la investigación social y educativa. En su peregrinar pedagógico e investigativo preparó y utilizó diversos diseños investigativos y evaluativos, y combinó estrategias prevalecientes en diseños cuantitativos y cualitativos en los diversos campos de las Ciencias Sociales, aplicados en estudios y evaluaciones programáticas e institucionales.

Utilización y aplicación de la tecnología en la investigación institucional, educativa y sociológica

La tecnología hoy día ha revolucionado innumerables aspectos de nuestra vida cotidiana, y su impacto en la investigación institucional y educativa no son una excepción. En el ámbito educativo, la tecnología ha transformado tanto la metodología de enseñanza como las herramientas disponibles para la investigación, al permitir una recolección de datos más precisa y un análisis más profundo. Sin embargo, en sus inicios y durante muchos años, la tecnología digital enfrentó numerosas dificultades, desde la falta de infraestructura adecuada, que prácticamente no se poseía, hasta la escasez de materiales para trabajar con la misma.

Otro desafío significativo fue el costo elevado de las primeras computadoras (ordenadores). La falta de conocimiento y habilidades técnicas también representó un obstáculo significativo. En los primeros días de la computación, el uso de tecnologías "avanzadas" requería una comprensión profunda de programación y electrónica, habilidades que solo unos pocos poseían. Todas estas carencias las experimentó el Dr. Israel Ramos Perea. Sin embargo, a pesar de estas dificultades, la perseverancia del Dr. Israel Ramos Perea le permitió superar estos obstáculos.

En estos inicios de la tecnología análoga, el acopio, categorización y procesamiento manual de datos e información documental constituía para el Dr. Israel Ramos Perea una seria limitación en la realización de estudios de investigación. Consciente de eso, comenzó desde muy temprano en su carrera profesional a buscar y emplear medios y equipos tecnológicos que simplificarían y acelerarían el proceso investigativo. En el Centro de Investigación Pedagógica, del cual fue director, empleó una máquina marca Olivetti 101 que facilitaba hacer cómputos y correlaciones estadísticas entre las diversas variables incluidas en el diseño de investigación. Aunque facilitaba el proceso investigativo, resultaba sumamente tedioso y costoso porque se usaba mucho papel.

No obstante, esta tecnología primaria, utilizada innovadoramente por el Dr. Israel Ramos Perea, constituía un paso adelante en el uso de las máquinas de sumar, restar, multiplicar y dividir, usadas en los estudios, con mucha frecuencia para el cómputo de porcentajes. Este uso tecnológico se amplió con el empleo de sorteadores para establecer relaciones entre variables y agrupar y categorizar datos necesarios para hacer estudios comparativos. El Dr. Israel Ramos Perea ya venía utilizando ampliamente la sorteadora desde la preparación de su maestría. Uno de sus primeros estudios fue la comparación de estrategias agrícolas entre agricultores de Missouri rezagados e innovadores. Los resultados ayudaron a la difusión de información dirigida a la adaptación de prácticas innovadoras de mayor producción agrícola.

Además de los medios señalados previamente, el Dr. Israel Ramos Perea se familiarizó y utilizó un programa para el procesamiento estadístico de datos (BMD). Este programa tenía la desventaja de estar diseñado para utilizarse en estudios propios del campo de la administración de empresas. Su uso resultaba sumamente limitado porque daba preferencia al procesamiento de datos de naturaleza económica. A falta de una mejor tecnología, el Dr. Israel Ramos Perea tenía que levantarse temprano en la mañana para procesar sus datos, cruzando a pie una distancia considerable. En su ruta, tenía que cruzar un complejo de residencias para casados y otro de apartamentos para señoritas, para poder llegar al Centro de Cómputos. Como parte de esa aventura, la siguiente anécdota ha sido para él inolvidable:

En una ocasión, como de costumbre abrigado "hasta las narices" para protegerse del intenso frío, fue interceptado por la guardia universitaria y conducido hasta el cuartel policíaco ya que erróneamente se le acusaba de estar "merodeando en los predios de la residencia de señoritas". De inmediato solicitó la intervención de su consejero y director de la disertación doctoral para que eventualmente pudiera ser liberado.

Todo el malentendido se aclaró cuando se confirmó su identidad como estudiante graduado que vivía con su esposa y su hijo menor de edad. Así mismo, le asestó a la guardia universitaria: "Tengo que levantarme temprano para poder hacer uso del Centro de Cómputos y no tengo suficiente tiempo para compartir con mi esposa y mi hijo; mucho menos para merodear por residencias ajenas". Posteriormente, un individuo fue capturado e identificado por las propias señoritas de la residencia como el merodeador, aclarando definitivamente el nombre y la integridad del Dr. Israel Ramos Perea.

Esta anécdota se presenta como un ejemplo de la discriminación racial que le ocasionaron dificultades, además de las carencias tecnológicas, que agudizaban los obstáculos en su vida de universitario. No obstante, el Dr. Israel Ramos Perea siempre utilizó el amor que recibía de su familia y a su vez, el querer brindarles un mejor futuro, teniendo como norte su carrera universitaria graduada en los Estados Unidos de Norteamérica.

Implementación de la investigación en el ámbito de Puerto Rico

En esta búsqueda del conocimiento mediante la aplicación de diversas teorías, mientras estudiaba en Missouri y luego como profesor en la Isla, el Dr. Israel Ramos Perea fue pionero en conceptualizar la utilización de las computadoras IBM, cuando requerían el ponchar tarjetas para poder correr los datos, a fin de adelantar el conocimiento de manera científica y empírica. Inicialmente, el Dr. Israel Ramos Perea gestionó y logró que los directores de otras facultades cedieran y permitieran acceso a sus estudiantes para que usaran las perforadoras y prepararan las instrucciones requeridas en las tarjetas IBM. Estas perforadoras eran necesarias para la entrada y procesamiento estadístico y la creación de un archivo de datos, los cuales se mantienen identificados como almacenados y encintados en una rueda circular para futuro uso. El lenguaje "Fortran"[8] servía para preparar el formato que contenía las instrucciones requeridas para el procesamiento de los datos. Ante la ausencia de un programador, el Dr. Israel Ramos Perea aprendió a preparar las instrucciones requeridas en "Fortran".

Nacimiento, desarrollo y uso del "Statistical Package for the Social Sciences" (SPSS)

Para la época en que Israel cursaba sus estudios doctorales, surgió el "Statistical Package for the Social Sciences" (SPSS)[9], un programa computadorizado que permitía el procesamiento estadístico de datos en el campo de la investigación social. Utilizó ampliamente los primeros 8 programas disponibles en el SPSS. Aprendió principios básicos del programa "Fortran" para poder procesar estadísticamente los datos recopilados para su disertación doctoral en la Universidad de Missouri. Una vez completada y defendida exitosamente la disertación, regresó inmediatamente al Departamento de Estudios Graduados de Educación donde le esperaba una carga académica de cuatro cursos, tres de nivel graduado y uno subgraduado.

---

8   Fortran (contracción del inglés Formula Translating System) es un lenguaje de programación de alto nivel de propósito general, procedimental e imperativo, que está especialmente adaptado al cálculo numérico y a la computación científica.

9   "Statistical Package for the Social Sciences" (SPSS) creado en 1968, es un programa ampliamente utilizado para análisis estadístico en Ciencias Sociales. También lo utilizan investigadores de mercado, investigadores de salud, empresas de encuestas, gobiernos, investigadores de educación, organizaciones de mercadeo y otros.

Con la experiencia de haber ya trabajado con el programa SPSS y conocer los beneficios de este, de inmediato realizó gestiones con el director de la facultad, la decana de la facultad y el director del Centro de Cómputos, para adquirirlo. En aquel entonces, el Centro de Cómputos solo se usaba para hacer los pagos de nómina del personal universitario. Debido a que tardaba mucho la compra del programa SPSS, Israel ejerció presión para iniciar el procesamiento electrónico de datos utilizados en una IBM, la cual le fue asignada para ser utilizada en la creación de archivos y el procesamiento de datos necesarios para realizar un estudio.

Finalmente se logró comprar el programa SPSS para su facultad, pero se necesitó adiestrar a los estudiantes y a la facultad en el procesamiento electrónico de datos. El Dr. Israel Ramos Perea creó un taller para esos fines y organizó el primer Centro Académico de Cómputos en la Facultad de Educación. De esa manera, tanto la facultad como los estudiantes de maestría y doctorado podían aprender y conducir el procesamiento de datos, utilizando el "Statistical Package for the Social Sciences" (SPSS) disponible en el Centro de Cómputos de la Universidad de Puerto Rico, Recinto de Río Piedras.

Posteriormente, con una propuesta aprobada por la presión ejercida por el Dr. Israel Ramos Perea, a pesar de la negativa de un pasado rector de cual no se hará mención, quien se opuso a su nombramiento como decano en la Facultad de Pedagogía, logró establecer el primer Centro Académico de Cómputos de la Facultad de Pedagogía, dirigido por el Dr. Israel Ramos Perea. El puesto de decano no se logró porque no pertenecía ni era miembro activo del partido político en el poder, lo que era requisito indispensable para ser nombrado decano de la facultad. A pesar de que Ramos Perea no se doblegó a esta exigencia, se logró establecer el Centro y se logró comprar una computadora, rollos de papel necesarios para imprimir los resultados del procesamiento de datos, y se nombraron dos operadores de máquinas electrónicas.

Este primer Centro, a cargo del doctor Ramos Perea, estaba localizado en el quinto piso adyacente a un salón de clases donde se ofrecía el taller de procesamiento computarizado de datos. Posteriormente, las facultades de Ciencias Sociales y de Administración de Empresas adquirieron el SPSS, para equipar sus respectivos centros de investigaciones, lo cual facilitó y propició la realización exponencial de estudios e investigaciones en el recinto de Río Piedras en la Universidad de Puerto Rico. Para ese momento, ya muchos profesores participaron y promovieron el uso del SPSS en sus respectivas facultades. El uso de las diversas herramientas incluidas en el SPSS promovió, facilitó e incrementó los estudios e investigaciones conducidas por la facultad y el estudiantado en las universidades de nuestro país. Con el tiempo, se propagó el uso de computadoras más pequeñas, reemplazando las grandes máquinas IBM utilizadas en el Centro de Cómputos del Recinto.

El doctor Ramos Perea, autodidacta en el uso del programa "Fortran" y en el procesamiento de datos computadorizados, se dedicó a la enseñanza de cursos en los fundamentos sociales de educación, inicialmente a nivel de bachillerato, y posteriormente en los niveles graduados. En cada nivel utilizaba la investigación como estrategia de enseñanza, orientada a enriquecer y ampliar el contenido curricular, y diversificar el uso de estrategias y métodos de enseñanza.

Aplicaba los instrumentos disponibles en sus comienzos, y según surgieron, se empezaron a utilizar. Inicialmente el cómputo de contestaciones incorrectas se utilizaba para eliminar o mejorar el ítem o ejercicio utilizado en cada prueba o examen. De forma similar, cuando se utilizaban correlaciones, el cómputo de coeficientes menores de .70 en las Ciencias Sociales se destacaba el ítem o ejercicios, se modificaba y en ciertas ocasiones se retenía si era representativo conceptual o teórico del paradigma utilizado en el estudio.

Posteriormente, fueron establecidos otros centros académicos en la Facultad de Ciencias Sociales y de Administración de Empresas; y con el liderato de varios profesores del Centro de Investigaciones Sociales y de Administración de Empresas en sus comienzos, el Centro Académico de Cómputos comenzó a ser utilizado por los estudiantes y profesores de todo el Recinto de Río Piedras.

Con esa base, se realizaron gestiones similares en las facultades de Ciencias Sociales para convencer a sus respectivos decanos y directores de los programas graduados para adquirir el SPSS y proveer espacio, equipo y personal, como operadores de equipo electrónico, para establecer un Centro de Cómputos en sus respectivas facultades. El Dr. Joseph Carroll, padre, y el Dr. Israel Ramos Perea, establecieron en ambas facultades con dos operadores de equipo electrónico y el equipo necesario, en el quinto piso de la Facultad de Educación, el Centro de Cómputos para localmente facilitar el procesamiento de datos. De esa manera, el SPSS fue sumamente instrumental, haciéndose más viable el procesamiento electrónico de datos en las universidades de todo el País. Esta implementación que inició el Dr. Israel Ramos Perea facilitó en gran medida la implantación de la investigación en el ámbito de Puerto Rico, desde mediados de la década de los 70, hasta el presente.

En una conversación telefónica sostenida durante el mes de abril del 2023 con el Ing. Severino Ramos, pasado director del Centro de Cómputos, este le recordó algunos detalles sobre cómo se adquirió el "Statistical Package for the Social

Sciences" en la Universidad de Puerto Rico y le reconoció su gran aportación a la implementación de este programa; y con ello, la transformación en la manera de realizar análisis estadísticos. En aquel entonces, la Administración Central de la Universidad de Puerto Rico adquirió el SPSS por $25,000, incluido el equipo necesario para el procesamiento electrónico. Las personas que eventualmente dirigieron el Centro de Cómputos de la Universidad de Puerto Rico, Recinto de Río Piedras realizaron las gestiones pertinentes para adquirir versiones nuevas del programa, ponerlo en operaciones y prestar el servicio de procesamiento de datos. Durante las conversaciones para la elaboración de este libro, Israel reconoció las aportaciones de los pasados directores Osvaldo Ferrer, Severino Ramos, Adán Báez y Gilberto Cabré. Igualmente, reconoció los servicios prestados por la directora de Sistemas de Programación, Aida Luz G. de Dávila, su equipo de trabajo y programadores como Raúl Velázquez, quienes fueron fundamentales en facilitar la utilización de los medios para el procesamiento electrónico y computadorizado de datos estadísticos.

Considera una valiosa aportación para continuar realizando investigaciones, la creación de la Maestría en Investigación y Evaluación Educativa, conocida como INEVA y del Centro Académico de Cómputos en la Facultad de Educación en el Recinto de Río Piedras de la Universidad de Puerto Rico. Participó activamente, junto a distinguidos colegas, en la creación de ambas facilidades, la preparación de tesis de maestrías en INEVA. El procesamiento electrónico de datos computadorizados ha seguido desde sus inicios con la participación del Dr. Israel Ramos Perea. A continuación, una pequeña muestra desde sus inicios.

1. María Pi Portales. *El efecto de la percepción de factores relacionados con la organización y el funcionamiento escolar en la participación*: Tesis de Maestría. Diciembre

de 1983. 372-12 P 5992- Director: Israel Ramos Perea, PhD.; Eduardo Aponte Fernández, E.D.; Nydia Luca Irizarry, Ed.D., miembros del comité.

2. Francisco Agosto Flores. *Efecto de la Práctica docente en las actitudes hacia la enseñanza de los maestros practicantes de nivel secundario.* 17 de febrero de 1984. 370.133 a 275. Director: Israel Ramos Perea PhD.; Dra. Celeste Freytes y Dra, Migdalia Romero, miembros del comité.

3. Cristina Martínez Lebrón. INEVA. 11 de mayo de 2009. *Integración de la Tecnología de computadoras durante la práctica docente.* Programa graduado. Directora: Aurea L. Ramírez, PhD.; Director Comité: María R. Medina, PhD.; Miembros, Marco R. Martínez Chaves, PhD. y José J Meléndez Alicea, Ed.D.

4. *Orientación a la meta y su relación con la motivación en los talleres de elemental del Proyecto de Escuelas Públicas Montessori en Puerto Rico.* 9 de mayo de 2022. Director: Víctor E Bonilla Rodríguez, PhD.; Miembros: Ariel L. Agosto Cepeda, PhD. y Lisandra Pedraza Burgos, PhD. 103 Tesis entre 1983 y 2022. INEVA

En INEVA se han preparado, defendido y publicado 103 tesis de maestría entre 1983 y 2022, según el listado que aparece en Facebook, el cual se incluye en el Apéndice 2. La creación del programa de maestría y el establecimiento del Centro Académico de Cómputos en la facultad de Educación ha facilitado la realización de diversas investigaciones entre el estudiantado y la facultad.

Precursor del avalúo como herramienta educativa

El Dr. Israel Ramos Perea está convencido, por sus muchos años de experiencia, de que la investigación es una estrategia que complementa la enseñanza. Fue de los primeros en el ámbito académico en comprender la importancia del avalúo[10] como estrategia de aprendizaje. Argumentaba que se le debía dar al estudiante un método de medición de su comprensión de la materia con el único fin de mejorar su aprendizaje y no de manera punitiva o arbitraria como lo hace la evaluación.

En una ocasión, mientras trabajaba en American University of Puerto Rico, cuando se acercaba el proceso de acreditación, el presidente de la universidad convocó a una reunión de todos sus directores. Allí el doctor Ramos tuvo la oportunidad de presentar y defender el proceso de avalúo y de evaluación como parte fundamental de los requisitos de acreditación de la Academia. A través de esos estudios y los resultados de sus investigaciones también logró informar a la oficina de reclutamiento para que visitarán las escuelas, debido a que este era el factor principal en la matrícula de estudiantes de nuevo ingreso.

Puesto que al doctor Ramos le habían advertido de "manera jocosa" que su posición como investigador en la Universidad era un "One Man Show", tuvo que enclaustrarse, incluso durante el paso de un huracán en su casa para redactar un documento de más de 100 páginas que luego fue lo que ayudó a la universidad en su acreditación y que aún sigue siendo un modelo de los componentes que debe tener un informe institucional que se deba someter a las agencias acreditadoras estatales y federales. Incluso, recuerda que, en aquella época, según él mismo relata, estaba "realengo" porque no tenía oficina y entonces optaba por sentarse en la silla del vicepresidente cuando este no estaba, o en la silla de la oficina del presidente cuando no se encontraba en la

---

10   Es la acción que se le atribuye a un evaluador o profesor para obtener una valoración sobre determinada materia que contribuya a la superación del estudiante o sujeto participante sin fines de medición estandarizada o punitiva.

universidad. Si no tenía ninguna de esas dos opciones, se iba a la biblioteca o al espacio habilitado del proyecto de educación especial y buscaba una esquina para realizar sus investigaciones y evaluaciones, ya que, como se dijo, no tenía una oficina en propiedad.

Con el paso del tiempo y a consecuencia de estar como "nómada" por todo el *campus* de la universidad, logró establecer relaciones con los diferentes profesores y directores de facultad. Esto a su vez le sirvió al Dr. Israel Ramos Perea para reclutar la ayuda de estudiantes que le eran referidos por su inquietud en la investigación, a quienes les otorgaba una oportunidad mediante el programa de estudio y trabajo. Así el doctor Ramos Perea logró formar un equipo de trabajo que sentó las bases de lo que luego fue la Oficina de Investigación y Planificación Institucional de American University, que él fundó.

Pero no solo en el ámbito educativo, el doctor Ramos Perea ayudó a estos jóvenes que ya venían con necesidades desde sus hogares, por ser provenientes de familias de escasos recursos económicos. El Dr. Israel Ramos Perea, cuando se sentaba en la cafetería a la hora del almuerzo, observaba que había estudiantes que no tenían los medios económicos ni siquiera para comprar un almuerzo. Esto conmovió al doctor Ramos Perea de tal manera que solicitó una reunión con el presidente de la Universidad, Prof. Juan B. Nazario, para plantearle la situación de estos estudiantes. Como resultado de esa conversación con el presidente, el doctor Ramos Perea logró que se estableciera un programa de boletos para que estos estudiantes pudieran presentarlos en la cafetería de la Universidad y recibieran alimentos libres de costo.

En otra ocasión el propio presidente de American University, siendo estudiante del doctor Ramos Perea, hizo un ensayo sobre la pobreza entre los estudiantes. Dicho ensayo conmovió profundamente al Dr. Israel Ramos Perea, de tal manera que comprendió la política de puertas abiertas en American University y se unió en cuerpo y alma a los esfuerzos del presidente de propiciar dicha política en beneficio de los estudiantes más necesitados. Por eso, cuando el presidente de American University, Prof. Juan B. Nazario, le pidió ayuda en el área de investigación institucional, que no era un campo muy reconocido en aquel entonces, el doctor Ramos Perea no dudó en aceptar ese reto. Este compromiso lo hizo a pesar de que en aquel momento tenía un programa completo como profesor universitario de la Universidad de Puerto Rico y como colaborador en otras universidades en todo lo relacionado a la integración de la tecnología en el proceso educativo y en el aprendizaje. Es por esto que al enterarse de que esa institución cerraría sus puertas, el doctor Ramos Perea se llenó de una profunda tristeza.

Institucionalización de la investigación en American University

Desde los inicios de American University en los que existían solamente cuatro departamentos, Español, Inglés, Matemáticas y Estudios Sociales, se utilizaban mucho los exámenes objetivos. El doctor Ramos Perea le enseñó a la facultad a utilizar las computadoras que venían con unas tarjetas llamada "Scantron"[11]. Como el doctor Ramos Perea mantenía una carga académica de enseñanza a tiempo completo en la Universidad de Puerto Rico, comenzó a trabajar en American University, los lunes de 9:00 de la mañana a 2:00 de la tarde solamente.

---

11   "Scantron" es un tipo de metodología de prueba estandarizada que utiliza el reconocimiento óptico de marcas (OMR), mediante el cual la luz proveniente de un escáner reconoce dónde se hicieron marcas oscuras en una hoja de papel. Los estudiantes reciben una hoja de papel con cuatro o cinco burbujas por pregunta.

Utilizó extensamente el "Scantron", servido por la Olivetti para validar pruebas en las materias básicas de Español, Inglés, Matemáticas, Ciencias Sociales y estudios e investigaciones empíricas. Posteriormente, con la llegada de SPSS con sus ocho programas originales, se logró aplicar técnicas correlacionales más avanzadas como análisis factorial y "reliability", entre otras, para validar pruebas e instrumentos de investigación.

En American University, el doctor Ramos revolucionó los procesos de recopilación de datos y de investigación, mediante el uso de la tecnología y las computadoras, hasta el punto que un profesor, cuando vino la acreditación de la "Middle States Commission of Higher Education"[12], le recomendó al doctor Ramos que escribiera un narrativo sobre la trayectoria de la tecnología en American University. Ese narrativo todavía existe.

Pero en ese momento ni siquiera el Centro de Cómputos tenía las facilidades para "correr" este tipo de exámenes, por lo que el doctor Ramos tomaba las tarjetas y se las llevaba a la Universidad de Puerto Rico y las procesaba en el mismo Centro que él estableció, y luego se las devolvía a los profesores de American University, ya que en esos tiempos Ramos Perea era el único profesor que tenía una cuenta y pagaba por los servicios de esa tecnología. De esta manera el doctor Ramos validaba todos los exámenes que se daban en los departamentos de American University. Todo esto lo hacía ambulatorio porque, como se mencionó anteriormente, no tenía ni siquiera una oficina.

A través de los resultados de sus estudios, la institución creó un Centro de Educación Especial que ayudaba a jóvenes

---

12   También conocida como "MSCHE" es una asociación voluntaria, no gubernamental, de membresía que define, mantiene y promueve la excelencia educativa en instituciones con diversas misiones, poblaciones estudiantiles y recursos.

con rezago educativo para que pudieran mantenerse a un nivel satisfactorio que les ayudara a continuar y terminar su grado. Ese es el primer proyecto que evalúa el doctor Ramos Perea. Luego se crean otros proyectos como el "Upward Bound" y el Proyecto de Título 3, dirigido por el Prof. Nick Silva. Todos estos proyectos se nutrían de los datos que producía el doctor Ramos Perea. Lamentablemente, debido a los embates de la naturaleza y el paso del tiempo, el doctor Ramos perdió gran parte de la biblioteca que tenía en el sótano de su casa, donde guardaba una vasta colección de publicaciones, investigaciones, tesis y disertaciones que fueron acumulados por más de 50 años.

En el capítulo 5, se explorará con mayor profundidad y detalle el legado de la obra investigativa del Dr. Israel Ramos Perea. Ese capítulo se dedicará a analizar exhaustivamente cómo sus contribuciones investigativas han influido en las prácticas dentro de las Ciencias Sociales y la Educación. Se presentarán los modelos, investigaciones, proyectos y programas en los que participó como evaluador, y destacará su enfoque único en la aplicación de la investigación para resolver problemas sociales y educativos concretos. Este análisis no solo reconocerá su impacto significativo en el campo, sino que también proporcionará una visión integral de las metodologías innovadoras que introdujo, para establecer un puente entre la teoría académica y su aplicación práctica en contextos reales.

El próximo capítulo promete profundizar en cómo el Dr. Israel Ramos Perea no solo enriqueció el campo educativo universitario, sino que también redefinió la manera como la investigación puede ser aplicada para fomentar el desarrollo y la innovación educativa. Al examinar sus contribuciones, podrá verse cómo su enfoque holístico y su dedicación a la investigación aplicada han establecido nuevos estándares y han abierto puertas para futuras investigaciones y prácticas en la educación superior. Este análisis no solo resaltará la relevancia de sus trabajos, sino que también anticipará las futuras direcciones que podrían tomar las instituciones educativas para continuar su legado de excelencia y compromiso con la mejora continua.

Capítulo 4
Contribución al campo educativo universitario

En sus comienzos como pionero en el rol de evaluador externo, prestó sus servicios primeramente en la Universidad de Puerto Rico, Recinto de Río Piedras, en la Escuela Graduada de Trabajo Social (Propuesta 426); y posteriormente, en agencias gubernamentales como el Departamento de Justicia y la Oficina del Gobernador, entre otros, y en el Departamento de Educación Pública de Puerto Rico. Asimismo, colaboró, realizando diversas evaluaciones como "Senior Researcher", con APEX Consulting Services, a invitación de su presidenta Myrna Rodríguez, "Junior Researcher".

Se presenta a continuación una muestra parcial de estudios, investigaciones y evaluaciones realizadas como "Senior Researcher", una vez retirado de la Universidad de Puerto Rico y después de haber concluido sus servicios como director, y posteriormente como "Senior Researcher" de American University of Puerto Rico:

1. *Evaluación de la Academia de Superintendentes de Escuelas del Departamento de Educación de Puerto Rico*: Informe Técnico de Evaluación del 1 de agosto de 1990.

2. *Evaluación Formativa de la 4ta y 5ta Academia de Superintendentes de Escuelas*. 28 de diciembre de 1990: Medición y evaluación de insumo, proceso y producto del adiestramiento, entre otras variables.

3. *Evaluación Sumativa de la Academia de Superintendentes y Directores de Escuelas*. 18 de octubre de 1991. Se

ofrecieron siete secciones de adiestramiento con la participación de 92 participantes.

El diseño triangular de evaluación se utilizó en la planificación y durante el transcurso de las siete secciones del adiestramiento. Los resultados se publicaron con dos informes del progreso alcanzado, a modo de una evaluación formativa para enriquecer el programa con las sugerencias derivadas en cada estudio. Los instrumentos de medición se describen en ambos informes, divulgados en los meses de agosto y diciembre del 1990 y octubre de 1991. El instrumento de evaluación administrado en forma grupal constaba de tres partes: el grado de satisfacción con el programa (insumo, proceso y producto), diez escalas "Rensis Likert", ordinales, para medir el grado de adecuación (cantidad y calidad) y la pertinencia de los componentes del programa, datos demográficos de los participantes.

Además, se realizaron dinámicas de grupo, para profundizar en limitaciones, fortalezas y sugerencias, las cuales podrían ser incluidas en futuros adiestramientos. Posteriormente, se realizaron varias visitas de seguimiento a una submuestra de egresados en sus respectivas escuelas, para aquilatar y estudiar mejor los resultados del adiestramiento y se verificó su aplicación en el desempeño de sus ejecutorias como director o superintendente de escuelas.

Los doctores Israel Ramos Perea, "Senior Researcher", y Myrna Rodríguez, "Junior Researcher", realizaron un estudio de necesidades, solicitado por el Departamento de Educación Vocacional, Técnico y de Altas Destrezas. El "Needs Assessment Survey" fue sometido por APEX Consulting Services en julio de 1991, en inglés.

Como de costumbre, se planteó el problema bajo estudio, se desarrollaron los instrumentos de investigación y evaluación, se validaron estadísticamente, se seleccionó aleatoriamente la muestra de escuelas, institutos y centros vocacionales, estudiantes, maestros, orientadores y consejeros vocacionales.

Se informaron los resultados del avalúo y evaluaciones realizadas de cada componente institucional y programático. Se utilizaron tres cuestionarios en la encuesta, administrados en forma grupal a maestros de educación vocacional, directores escolares, estudiantes de cuarto año y de educación postsecundaria. Se utilizaron mecanismos para monitorear y dar seguimiento a los participantes, a través de llamadas telefónicas, visitas a las escuelas y seminarios realizados para el desarrollo profesional.

Se presentaron los resultados, las conclusiones y las recomendaciones derivadas del estudio. Algunos de estos son:

- *Estudio cualitativo del programa de adiestramiento ofrecido a técnicos de servicios sociales y a los trabajadores sociales que ofrecían sus servicios a las familias con niños*: Escuela de Trabajo Social Beatriz La Salle, Universidad de Puerto Rico, Recinto de Río Piedras, 1975.

- Ramos Perea Israel, Miguel A. Ramírez Pérez y Félix G. Muñiz. *Informe de progreso del estudio de evaluación del Programa de Instrucción Vocacional Técnica y de Altas Destrezas.* Río Piedras: Center for Educational Research Training Inc. y Multi-Disciplinary Research Consulting Inc., 1982.

- *Evaluation of the Inservice Training Program for Bilingual Education.* Catholic University of Puerto Rico, Río Piedras: Center for Educational Research and Training, Inc., 1982

- *Análisis de las evaluaciones hechas al programa de Instrucción Vocacional y Técnicas del Departamento de Instrucción Pública, durante los años de 1976 a 1980.* (Borrador) Consejo Estatal de Empleo y Adiestramiento, Oficina del Gobernador. El Dr. Miguel Ramírez Pérez reclutó sus servicios como "Senior Researcher" para que realizara evaluaciones y brindara asesoría técnica en el procesamiento computadorizado de datos estadísticos en los estudios requeridos por el Consejo Estatal de Empleo y Adiestramiento de la Oficina del Gobernador (Carlos Romero Barceló), 1983.

- *Evaluation of the Development of a Teacher Training Program in Bilingual Education; A Drew's Gamot Continuation Project: 1984-85,* Universidad Metropolitana, Río Piedras: Center for Educational Research and Training Inc., 1985.

- *Necesidades y problemas que afectan a la Educación Técnica en Puerto Rico.* Cuarto Informe Técnico de Investigación presentado por la Comisión Permanente de Problemas Educativos de la Asociación de Maestros de Puerto Rico en la Asamblea Anual, diciembre 1987.

Cada investigación y evaluación puede conceptualizarse, al considerar sus implicaciones teóricas, metodológicas y prácticas, las cuales justificaban la necesidad de realizar el estudio. Con los datos y resultados obtenidos, aspiraba a aportar al cambio y mejoramiento del desempeño en la ejecución individual y colectivo de cada rol observado y dato considerado en el estudio.

Cada informe técnico se proponía obtener resultados que podrían ser certificados para mejorar la planificación e implantación de los programas y proyectos de prevención y de acción social. Un análisis de los informes técnicos y de las evaluaciones realizadas reflejan el interés investigativo en los estudiantes, maestros, directores y otros, orientado a conocer mejoras y satisfacer las necesidades de los participantes en su formación y desarrollo personal y profesional.

El uso y validación estadística de los instrumentos de observación, medición e investigación de los rasgos de personalidad, percepciones y actitudes demuestran el continuo deseo y aspiración del investigador de promover el desarrollo y la formación personal y profesional de los participantes bajo estudio.

Su pasión por el aprendizaje activo y continuo y por la enseñanza como proceso enriquecedor, y por la investigación como base primordial para la planificación e implementación del cambio conductual y social positivo, se evidencia a lo largo de su carrera profesional.

El doctor Ramos Perea investigó, estudió, evaluó y promovió el desarrollo integral de la personalidad individual, la formación y fortalecimiento del carácter de jóvenes expuestos a condiciones de pobreza y el consumo indebido de alcohol, drogas y tabaco, especialmente en ambientes de alta incidencia de conflictos. Centraba gran interés en las investigaciones entre estudiantes de escuelas intermedia, universitarios en su primer año de estudio y, después, a lo largo de su carrera universitaria. Daba seguimiento a su ajuste, necesidades, planes de estudio, aprovechamiento académico en las diversas materias de estudio, deserción y bajas de los cursos, experiencias de estudio y trabajo; y, posteriormente, a los egresados en sus diversos campos profesionales. Ejemplos de la naturaleza y alcance de sus investigaciones se incluyen en una lista de referencia provista en el Apéndice 1.

Una vez retirado de la docencia, el doctor Ramos Perea se dedicó, por un lado, a prestarle orientación y ayuda a estudiantes que solicitaban sus servicios, y ayuda en proyectos requeridos en sus diversos campos de estudio; por otro lado, a colegas que requerían, igualmente, sus servicios para realizar proyectos, algunos en forma gratuita y otros con remuneración económica. Usualmente se disponía a realizar tareas de asesoramiento técnico en el procesamiento computadorizado de datos, utilizando el SPSS, en la capacidad de "Senior Researcher", en equipo con otros investigadores.

Su colega y compañera universitaria, la Dra. Myrna E. Rodríguez, requirió de sus servicios como "Senior Researcher" en varios proyectos encomendados a APEX Consulting Services, en la cual esta servía de presidenta. Entre las agencias públicas y privadas servidas se encuentran el Departamento de Educación Pública y ASCMCA, la Agencia de Servicios de Prevención de Alcohol, Drogas y Tabaco. Se investigaron y evaluaron diversos proyectos de prevención, adiestramientos de personal y participantes, administradores y ejecutivos. Se utilizó ampliamente el Módelo triangular y longitudinal de avalúo, modificado y validado por el Dr. Israel Ramos Perea y sus colegas universitarios.

El proceso investigativo y de avalúo contiene dos dimensiones principales: Avalúo del proceso (evaluación formativa) y el avalúo de resultados (evaluación sumativa). Las dos dimensiones contienen, a su vez, cinco fases principales. La dimensión formativa incluye las fases de planificación, de proceso y de contexto ambiental. La dimensión sumativa consta del avalúo de los resultados y del impacto a corto y largo plazo. Los estudios y las evaluaciones solicitadas y requeridas y realizadas se ejecutaron con el Modelo triangular y longitudinal de avalúo.

El doctor Ramos Perea se considera pionero en la realización de los estudios y evaluación de avalúo institucional como un legado para las futuras investigaciones y evaluadores puertorriqueños, particularmente.

En el Apéndice 1 se provee, igualmente, un listado parcial de informes como evidencia del trabajo realizado para las agencias e instituciones gubernamentales realizadas como "Senior Researcher" en APEX Consulting Services.

El avalúo de las técnicas y estrategias de enseñanza aspiraban a mejorar y enriquecer el manejo de los usos de las maneras de enseñar en la facultad. De igual modo, se realizaban avalúos del desempeño del personal no docente y administrativo que prestaban servicios a estudiantes. Entre ellos estaban orientadores y bibliotecarios en los respectivos roles en dependencias, oficinas y decanatos. El desempeño y ejecutorias de los diversos roles estaban orientados a mejorar el aprovechamiento académico y a retener al estudiantado hasta lograr sus metas de obtener un grado universitario, fortalecer su autoestima y lograr su ingreso a la fuerza laboral. El quehacer investigativo y evaluativo auscultaba igualmente necesidades cambiantes en el medio ambiente producido por eventos naturales.

El doctor Ramos Perea es pionero en el estudio de investigación y avalúo del uso y aplicación de las estrategias de enseñanza utilizadas en las salas de clases que inciden en el aprendizaje de los estudiantes.

Usualmente, las estrategias de avalúo se utilizan para detectar, conocer y atender los problemas y las lagunas surgidas en el aprendizaje de los estudiantes. El avalúo del desempeño de los diversos funcionarios administrativos que prestan servicios estudiantiles aspira a retener y mejorar el aprovechamiento académico del estudiante. El avalúo de la cantidad y calidad de los servicios de orientación y consejería que se ofrecen al estudiantado aspira igualmente a retenerlos en sus estudios, fortalecer su autoestima y a promover su ingreso en el mundo del trabajo.

El Dr. Israel Ramos Perea con algunos de sus condiscípulos ha desarrollado, validado y utilizado instrumentos de investigación, medición y avalúo para evaluar el desempeño, uso y aplicación por la facultad y el personal a cargo de utilizar las estrategias y prestar los servicios al estudiantado. Se incluyen en el Apéndice 1 ejemplos de los mencionados instrumentos de avalúo.

El quehacer investigativo y evaluativo auscultaba, igualmente, necesidades cambiantes en el medio ambiente producido por eventos naturales. La pandemia causada por el coronavirus, los huracanes, particularmente María, y los terremotos crearon condiciones que afectaron grandemente nuestra convivencia. La falta de luz eléctrica y de agua potable, entre otros servicios, obligó a las familias puertorriqueñas a emigrar a los Estados Unidos continentales. Los estudiantes, en su gran mayoría, se vieron precisados a emigrar mayoritariamente, y a tomar sus clases, la minoría, a distancia, si contaban con medios tecnológicos y otros recursos. Surgió, por tanto, la necesidad de continuar los estudios a distancia. En consecuencia, se vio afectada tanto la enseñanza presencial como el aprovechamiento académico de los estudiantes.

La Dra. Myrna Rodríguez, el Dr. Juan "Tito" Meléndez y el Dr. Israel Ramos Perea, anticipadamente estaban interesados en conocer el estado de situación del estudiantado que tomaba cursos en las universidades del país que ofrecían cursos a distancia. Con una propuesta auspiciada y financiada por el Consejo Superior de la Enseñanza se realizó un estudio abarcador entre el estudiantado que estaba matriculado y tomaba cursos a distancia.

La aplicación del Modelo triangular y longitudinal de avalúo provee también para considerar los factores externos e internos que inciden sobre los procesos de enseñanza y de aprendizaje.

Las unidades de estudio y análisis utilizados mayormente por el Dr. Israel Ramos Perea están enmarcados y conceptualizados con la visión sociológica y psicológica gestaltista, el funcionalismo y el interaccionismo simbólico.

El énfasis principal es el desarrollo integral de la personalidad individual, al interactuar dentro de un contexto social antropológico. Utiliza regularmente el autoconcepto y la autoestima del estudiante y de los participantes incluidos en sus estudios. El Coopermith's Self-Concepts Scale ha sido reconocido y ha brindado el crédito correspondiente; ha sido traducido, adaptado y validado estadísticamente en cada ocasión en sus investigaciones.

De igual modo, se utiliza el instrumento desarrollado y validado por el Dr. Israel Ramos Perea sobre el desarrollo del carácter individual como instrumento de medición de los rasgos de personalidad del estudiante o participante en sus estudios e investigaciones. Se da énfasis a la percepción que se tiene de sí mismo y como cree que los perciben quienes interactúan en su medio ambiente sociológico.

Consciente de la necesidad de que cada estudiante participante desarrolle sus conocimientos y destrezas en los cursos y adiestramientos en los cuales participa, valida las pruebas y exámenes para hacer un avalúo que determine las lagunas en el aprendizaje y el aprovechamiento cognitivo logrado por los estudiantes y participantes en los cursos y actividades bajo estudio. Se provee evidencia de los usos de análisis de ítems relacionados, aplicando el "Scantron" para validar y analizar resultados de cada prueba, conocer el aprovechamiento académico y mejorar las destrezas de los maestros en la preparación de las pruebas y exámenes administrados en sus cursos. Mediante la utilización de programas del SPSS, como el Reability, se validaron y se analizaron los resultados del avalúo del desempeño de los estudiantes de nuevo ingreso en las prepruebas de Matemáticas, Inglés y Español.

El uso de la tecnología disponible a lo largo de su quehacer pedagógico facilitó y promovió el desarrollo profesional de estudiantes y profesores que recibieron asesoramiento técnico en la preparación y defensa de su tesis de maestría y doctorales.

El informe sobre la "Labor de Investigación, Evaluación, Asesoramiento Técnico y Asesoría Rendida en la Oficina de Investigación Institucional", preparado por el doctor Israel Ramos Perea, en mayo de 1993, incluye un listado de algunos de los que recibieron la ayuda y el asesoramiento técnico requeridos para completar sus estudios de maestría y doctorado.

Sirvió de enlace tradicional entre el uso de documentos históricos, la información cualitativa y posteriormente los datos cuantitativos en la preparación de tesis de maestría y doctorales preparadas por colegas universitarios que lo antecedieron en la cátedra universitaria, sus sucesores y la generación más joven que combinan usualmente diseños mixtos de investigación. Consciente de los lapsus mentales, el doctor Ramos Perea recuerda los siguientes estudios en los cuales prestó asesoramiento: las tesis del Dr. Juan José Maunez, Francisco Martin, Julio César Lugo, Luz Delia Talavera y Migdalia Oquendo, entre otros.

Lista de tesis preparadas con diversos diseños de investigación

Estudios de Tesis de maestría y doctorales realizadas con diversos diseños de investigación:

-    *Neighborhoods and social cliques in two Missouri rural communities,* a thesis presented to the faculty of the Graduate School University of Missouri, in partial fulfillment of the requirement for the degree Master of Science by Israel Ramos Perea, August 1964.

- *Las cartas a los editores de los periódicos El Mundo, El Vocero y The San Juan Star como vehículo de expresión de las inquietudes de la sociedad puertorriqueña*, Rita María García Ramírez, Universidad de Puerto Rico, mayo 1980.
- *Opinión de las profesoras sobre el contenido de un programa de educación para el hogar del primer ciclo secundario de la República de Panamá*, María Olimpia Cedeño de Aguilera, Universidad de Puerto Rico, octubre 1981.
- *Prácticas de mejoramiento profesional entre los maestros de Ciencia de la escuela secundaria en el distrito escolar de Guaynabo*, Miriam Martínez Cintrón, diciembre, 1983.
- *Conocimientos de nutrición, hábitos alimentarios y actitud hacia la alimentación de los maestros de las escuelas públicas de Puerto Rico, a nivel intermedio y superior*, Gretchen Martínez Pujals, julio 1983.
- *Proceso de ajuste previo, manifestaciones de crisis y ajuste a la vida institucional en jóvenes adultos primarios de la cárcel regional de Bayamón, Puerto Rico, febrero 1985*, Evelyn Bregón García y otros. Universidad de Puerto Rico, mayo 1985.
- *El grado de satisfacción con la vivienda de los envejecientes que residen en edificios multipisos del área metropolitana de San Juan*, Iris Nereida Telmont Sanabria, Universidad de Puerto Rico, junio 1985.
- *Satisfacción de los usuarios con la eliminación de barreras arquitectónicas en la Universidad de Puerto Rico, Recinto de Río Piedras*, Pedro E. Parrilla Díaz, Universidad de Puerto Rico, mayo 1986.
- *El efecto de un adiestramiento grupal cognitivo-conductual de tipo autoinstruccional, en las conductas agresivas manifestadas por estudiantes de los grados segundo y tercero, en una escuela elemental pública del*

área metropolitana de San Juan, Lourdes López Arroyo, Universidad de Puerto Rico, diciembre 1988.

- *La responsabilidad social en las empresas manufactureras privadas de Arecibo,* Marisa Guillama de León, Universidad de Puerto Rico, junio 1988.

- *El uso de las preposiciones entre los estudiantes de Español Básico del Recinto de Río Piedras de la Universidad de Puerto Rico,* Luz Delia Talavera Negrón, Universidad de Puerto Rico, junio 1988.

- *El efecto de la estrategia de inquirir el estilo cognoscitivo y el aprovechamiento académico sobre la solución de problemas,* Migdalia Oquendo Cotto, Universidad de Puerto Rico, abril 1988.

- *El desarrollo de la escuela secundaria puertorriqueña bajo el Progresismo estadounidense 1900-1989,* Blanca I. Facundo Santiago, Universidad de Puerto Rico, junio 1989, volumen 1 y 2.

- *Bilingual education programs for return migrant students in Puerto Rico: Perceptions of participants, parents and teachers,* John Vazquez, Boston University School of Education, 1989.

- *Las teorías lingüísticas y la enseñanza del Español en las escuelas públicas de Puerto Rico: Una perspectiva histórico-descriptiva,* Iris C. Altieri Avilés, Universidad de Puerto Rico, mayo 1990.

- *Sistema de valores humanísticos y orientaciones valorativas de un grupo de educadores, administradores escolares y estudiantes graduados,* Nayda M. Rosario, Universidad de Puerto Rico, junio 1990.

- *La conducta de los estudiantes de la Pontificia Universidad Católica de Puerto Rico,* Evangelina Rivera Figueroa, Universidad de Puerto Rico, 1991.

Se propiciaba la utilización de diversos diseños de investigación para fomentar continuidad y cambios en el conocimiento de la conducta y comportamiento individual y colectivo.

El Dr. Israel Rafael Ramos Perea realizó estudios que daban seguimiento a los realizados por William H. Sewel sobre las preferencias de los jóvenes en sus planes de iniciar y continuar estudios en diversos campos profesionales. Un artículo sobre esos estudios, de la autoría del doctor Ramos Perea, quien ocupaba la posición de director, se publicó en una revista del Centro de Investigaciones Pedagógicas. Durante ese corto lapso como director, reclutó a varios colegas para que realizaran estudios conducentes a lograr doctorados y publicaciones en los fundamentos sociales de la educación, tales como en economía (Dr. Miguel Ramírez Pérez) y en sociología política, entre otras especialidades.

En su quehacer docente investigativo, procuraba que los estudiantes y la facultad lograran un buen ajuste institucional. Que los estudiantes se mantuvieran estudiando hasta lograr graduarse; y la facultad lograra mejorar y enriquecer la aplicación de diversas técnicas y estrategias de enseñanza y de avalúo del aprendizaje. Realizaba inventario de necesidades estudiantiles entre alumnos de nuevo ingreso al inicio de cada semestre. Los resultados se daban a conocer con informes técnicos de las investigaciones, los cuales se utilizaban para atender con actividades de orientación y consejería, entre las demás dependencias administrativas. Una vez prestados los servicios para satisfacer las necesidades, planes y preferencias de estudios, se procedía a evaluar los mismos con la administración de diversos instrumentos de avalúo.

Además de evaluar la prestación de servicios orientados a retener y evitar la deserción estudiantil, evaluaba las actividades y los medios de promoción y divulgación utilizados para reclutar estudiantes. Utilizaba el modelo conceptual desarrollado por Wilbur Schramm, entre otros, conocido como "Quién dice qué, por qué medios o canales y con qué consecuencias". Preparaba y administraba cuestionarios que recopilaban información sobre las actividades y medios utilizados para divulgar información, promover y reclutar estudiantes.

Preparaba, administraba y validaba instrumentos de evaluación y avalúo entre el personal docente, no docente y administrativo que prestaban servicios estudiantiles e institucionales. La evaluación de la facultad por sus estudiantes se realizaba constante y consistentemente. Igualmente, se evaluaba el desempeño de cada funcionario con actividades de desarrollo profesional.

Enfoque multidisciplinario en sus investigaciones

La composición poblacional de Puerto Rico siempre ha sido de su interés, y ha sido discutida y analizada como parte de los cursos que enseñaba en Fundamentos Sociales de la Educación. En sus inicios, el interés principal giraba hacia la sobrepoblación del país, la pobreza y la migración.

Conceptualizaba y enmarcaba sus estudios con una visión geltatista, interaccionismo simbólico y neofuncionalista de las instituciones sociales como la educación y el desarrollo de la personalidad individual de los estudiantes: tomaba en consideración su formación cognoscitiva y ocupacional y prestaba atención a la formación profesional del maestro. Consideraba en sus estudios el logro, la percepción del estudiantado sobre la misión institucional, la satisfacción y motivación con la enseñanza y el grado de adecuación de la prestación de los servicios estudiantiles y el clima institucional.

Realizaba varios estudios sobre el medio ambiente estudiantil, en el cual se desenvolvió, con énfasis en la formación de la personalidad del educando, la prestación de servicios institucionales, al igual que el desempeño de la facultad en el ejercicio de su forma de enseñar y de evaluar el aprendizaje del estudiantado.

En síntesis, las unidades de estudio y de análisis daban atención a las necesidades y desempeño de los estudiantes, de la facultad y del personal no docente. Se evaluaba, igualmente, el logro de los objetivos y de la misión de la institución.

Daba especial consideración a la metodología aplicada a los estudios. Consideraba sumamente apropiado determinar el tipo de muestreo utilizado y apropiado para aplicar las técnicas estadísticas requeridas en el análisis de los datos recopilados. Utilizaba un diseño estadístico y aplicaba diferentes categorías ordinales para agrupar y comparar datos de medición de percepción. El diseño basado en el sistema "Rensis Likert" (5 x 5, 3 x 3 y 2 x 2) facilitaba el análisis comparativo de variables.

Cada estudio incluía recomendaciones orientadas a enriquecer, mejorar y cambiar, de ser necesario, el desempeño de la población estudiantil y de la facultad.

En su quehacer investigativo, realizó estudios sobre el estado de situación del magisterio puertorriqueño, la pescadería y la pesca, las instituciones carcelarias y la rehabilitación de los confinados, al igual que la prestación de servicios en la prevención de alcohol y drogas en el país.

Entre las innovaciones estudiadas se incluía la implantación de los quimestres (Celeste Benítez, Q.D.E.P.), la práctica agrícola innovadora entre agricultores en el estado de Missouri y en el desarrollo comunal en áreas rurales y urbanas en Puerto Rico.

En su desempeño docente investigativo procuraba que los estudiantes y la facultad lograran un buen ajuste institucional, mantenerse estudiando hasta lograr graduarse y que la facultad lograra mejorar y enriquecer en la aplicación de diversas técnicas y estrategias de enseñanza y de avalúo del aprendizaje. Realizaba el inventario de necesidades estudiantiles entre alumnos de nuevo ingreso de inicio de cada semestre. Los resultados se daban a conocer con informes técnicos de investigación, los cuales se utilizaban para atender la orientación y consejería entre las demás dependencias administrativas. Una vez prestados los servicios para satisfacer las necesidades, planes y preferencias de estudio, se procedía a evaluar los mismos, mediante la administración de diversos instrumentos de avalúo.

Además de evaluar la prestación de servicios orientados a retener y evitar la deserción estudiantil, evaluaba las actividades y los medios de promoción y divulgación utilizados para reclutar estudiantes. Utilizaba el modelo teórico conceptual desarrollado por Wilbur Schramm[13] entre otros, conocido como "Quién dice qué, por qué medios o canales y con qué consecuencias". Preparaba y administraba cuestionarios que recopilaban información sobre las actividades y medios utilizados para divulgar información necesaria, promover la institución y reclutar estudiantes.

Preparaba, administraba y validaba instrumentos de evaluación y avalúo entre el personal docente, no docente y administrativo que prestaba servicios estudiantiles e institucionales. La evaluación de la facultad por sus estudiantes se realizaba constante y consistentemente.

---

13   El Modelo de Comunicación de Schramm, desarrollado por Wilbur Schramm en 1954, es un marco teórico que explica el proceso de comunicación. Se centra en cómo se transmiten y reciben los mensajes entre un remitente y un receptor, considerando diversos factores que influyen en la comunicación efectiva.

Asimismo, se evaluaba el desempeño de cada funcionario en el ejercicio de su posición con actividades de desarrollo profesional.

Experiencias en su paso como educador en la Universidad de Puerto Rico

El doctor Ramos Perea se dedicó a la enseñanza a tiempo completo y carga académica completa durante 30 años en la Facultad de Educación de la Universidad de Puerto Rico, Recinto de Río Piedras. Además del curso de "Métodos y técnicas de investigación en educación" y el taller sobre "Procesamiento electrónico de datos", enseñaba cursos de Sociología, Sociología Rural y Educación Comparada. Impartió cátedra a solicitud del director de departamento, sus facultades graduadas, y graduados en la Facultad de Ciencias Sociales, Departamento de Sociología y Antropología, enseñando cursos de Sociología Introductoria y Estratificación Social, y a petición de estudiantes graduados para que se encargará de ofrecer el taller de Procesamiento de Datos y el curso de Metodología y técnicas de investigación en educación. Completaba su trabajo académico con asesoramiento técnico en el procesamiento electrónico de datos, utilizando el SPSS, y como director y miembro en comités de tesis y disertación doctoral de estudiantes.

Asumió posiciones académicas que presentaban un reto en su organización y funcionamiento y que le permitían motivar, endosar y patrocinar a estudiantes, colegas y administradores a realizar estudios e investigaciones sobre situaciones y eventos que requerían ser consideradas e intervenidas. Su formación profesional a nivel de bachillerato en los Fundamentos Sociales de la Educación facilitó el asumir posiciones administrativas y de liderato como codirector o director respectivamente en un campamento de verano para estudiantes universitarios en el barrio Mata de Cañas en Orocovis y el proyecto comunal en Las Monjas en Hato Rey. Una vez obtenidos los grados de maestría y doctorado, asumió posiciones de director en las siguientes unidades: Departamentos de Fundamentos de Educación y Escuela Graduada; senador académico, Centro de Investigaciones Pedagógicas, Centro Académico de Cómputos en la facultad de Educación y en la Universidad de AUPR, y "Senior Researcher" en AUPR.

Promovió el desarrollo personal y profesional de sus estudiantes y colegas a través de la continuación de sus estudios a nivel graduado y de la realización de investigaciones necesarias para obtener los grados de maestría y doctorales, respectivamente. Servía de orientador, consejero, director y miembro de comités de disertación desde sus inicios en la cátedra universitaria y continuó haciéndolo, incluso, después de su retiro de la Facultad de Educación de la Universidad de Puerto Rico, Recinto de Río Piedras, en diciembre de 1991.

Colaboraba frecuentemente con la enseñanza de cursos subgraduados y graduados, dentro y fuera del Recinto de Río Piedras, cuando a petición y solicitud de los directores departamentales eran requeridos sus servicios. En la facultad de Ciencias Sociales de la Universidad de Puerto Rico, el Dr. David Hernández, director del Departamento de Antropología y Sociología, solicitaba sus servicios para enseñar cursos de Sociología, Estratificación Social y Movilidad Social, entre otros. Igualmente, frecuentaba sustituir a su esposa, Dra. Mercedes Otero de Ramos, en los cursos de Sociología y Criminología que tenía a su cargo, cuando ella tenía que ausentarse para cumplir sus obligaciones en la Administración de Corrección, y posteriormente como senadora por acumulación en el Senado de Puerto Rico.

Debido a que el doctor Ramos ya era reconocido como una autoridad en el uso de la tecnología para el manejo de datos en el área educativa, lo llamaban del Recinto Metropolitano del Sagrado Corazón donde, como parte de su programa de New York University, ofrecía unos cursos a nivel doctoral y traía unos profesores de Estados Unidos para ello. Pero como estos profesores no eran diestros en el uso de las computadoras, lo llamaban al doctor Ramos Perea para que colaborara con el procesamiento de los datos. Además de reclutar sus servicios para enseñar cursos y talleres a estudiantes del programa doctoral de New York University, Recinto Residencial en la Universidad del Sagrado Corazón en Hato Rey. La Universidad Interamericana Recinto Metropolitano en Cupey, Río Piedras, Puerto Rico también requirió de sus servicios.

En muchas ocasiones su rutina de los viernes era ir al Centro de Cómputos por el día, dejaba los datos procesando y luego se iba a jugar softball, y al terminar, cerca de las 8:30 pm, regresaba al Centro de Cómputos para recoger los datos (que en aquel entonces se imprimían en unas hojas de franjas verdes y blancas perforadas) y llevárselos para el análisis y la redacción de informes. Debido a que las reuniones se ofrecían los viernes a las 3:00 pm de la tarde, el doctor Ramos Perea asistía a dichas reuniones con su guayabera, pero debajo tenía el uniforme de su equipo de softball, para cuando terminara, ir a jugar su deporte favorito.

Su norte siempre ha sido servir, independientemente de retribución alguna. Acudía y aún acude a prestar los servicios y ayuda requerida, siempre y cuando sea dentro de su formación profesional y en su rol de investigador senior y educador.

Recuerda, por ejemplo, una situación que confrontaba el Dr. Ortiz Oliver Padilla, director de la Escuela de Comunicación

Pública de la Universidad de Puerto Rico, Recinto de Río Piedras. Un grupo de estudiantes graduandos en su último semestre de estudios carecía de un curso en Métodos y Técnicas en Investigación, requisito para poder graduarse. El único tiempo disponible que tenía Dr. Ramos Perea era los viernes de 1:00 a 4:00 pm, horario utilizado para procesar electrónicamente datos de sus investigaciones en el Centro de Cómputos del Recinto de Río Piedras. Accedió a ofrecer el curso con la aceptación del grupo de estudiantes. Además de ofrecer el curso, sirvió de consejero y orientador para los que estaban indecisos en qué especialización ocupacional continuarían estudiando o laborando. Aún mantiene comunicación con algunos de los egresados: Nory W. Rivera, editora de la columna de mercadeo, del periódico El Nuevo Día; Josean Ramos, escritor; Raymond Ramos Rivera, editor deportivo, Nuevo Día; Marisa Guillaume de León, directora, tesis de maestría en comunicación.

En otra ocasión similar, la Dra. Judith Nine Curt, directora del Programa Graduado de Educación de la Universidad Interamericana, Recinto Metropolitano de San Juan, se comunicó un viernes al anochecer para que le ayudara a solucionar una situación con un grupo de estudiantes de nivel doctoral cuyo profesor abandonó el grupo que tenía a su cargo. Las dos clases se reunían el día siguiente, sábado de 8:00 a 11:00 y de 1:00 a 3:00 p.m. El primer curso trataba sobre Métodos y Técnicas de Investigación en Educación y el segundo sobre Procesamiento Electrónico de Datos Computadorizado. Los propios estudiantes le solicitaron a la Dra. Nine Curt que el Dr. Israel Ramos Perea se hiciera cargo de ambos cursos. Él accedió inmediatamente a prestar sus servicios, incluso enfrentando el agravante de que el director del Centro de Cómputos de ese Recinto se opuso a que los estudiantes utilizaran las facilidades disponibles en ese Centro. Sin embargo, como el Dr. Israel Ramos Perea tenía una cuenta por la cual pagaba, pudo lograr que los estudiantes practicaran y desarrollaran las destrezas en el Centro de Cómputos de la Universidad de Puerto Rico, Recinto de Río Piedras.

Posteriormente, el Dr. Israel Ramos Perea, en una asamblea profesional, se comunicó con el Dr. Ramón de la Cruz (Q.D.E.P.), pasado presidente de la UIPR para señalarle la necesidad que tenía el Recinto de contar con un Centro de Cómputos accesible a estudiantes y que estuviera debidamente equipado con SPSS.

Además de enseñar ambos cursos en una situación de emergencia, prestó asesoramiento técnico en Investigación y Procesamiento Computadorizado de Datos a estudiantes y colegas profesores que estaban preparando su tesis doctoral en el Recinto Metropolitano de la UIPR, como la siguiente egresada que logró graduarse: María Victoria Pi Portales, doctora en "Educational Administration Planning and Evaluation", Interamerican University, San Juan PR 1991.

Prestó asesoramiento técnico en investigación y en el procesamiento electrónico de datos estadísticos a estudiantes y profesores en su tesis doctoral en Nova University y en la Universidad autónoma de México.

Una vez retirado de la Universidad de Puerto Rico, en diciembre de 1991, y de la posición de investigador senior en la Universidad de América de Puerto Rico, aceptó la misma posición en APEX Consulting Services, Inc. La Dra. Myrna E. Rodríguez requirió sus servicios profesionales, los cuales le permitieron continuar realizando sus estudios e investigaciones, y proveer asesoramiento técnico en investigación a entidades y agencias de prevención y de acción social y comunitaria. En el desempeño de su rol, realizaba diversas funciones y tareas: dictar conferencias, preparar diseños de investigación, conducir y supervisar los procesos de recopilación y procesamiento computadorizado de datos, interpretar y redactar los resultados derivados de cada estudio, preparar y presentar informes de los estudios y evaluaciones realizadas. A continuación se presenta una muestra de los estudios y evaluaciones realizados:

- Departamento de la Academia de Superintendentes y Directores Escolares
- Evaluación del Programa de Escuelas Vocacionales
- Proyecto Cultural Bilingüe
- Proyecto (Quimestres) Calendario Escolar Continuo
- Proyecto de Escuelas Efectivas
- "Center for Educational Research and Training, Inc" (CERTI). Una organización sin fines pecuniarios con propósitos educativos, investigativos y evaluativos.

Mediador de conflictos

Durante su carrera como líder educativo, tuvo la oportunidad de aplicar sus habilidades de liderazgo en la mediación de conflictos entre los propios colegas profesores, su personal administrativo y también entre sus estudiantes; una tarea fundamental para fomentar un ambiente de aprendizaje positivo y productivo. Entendió que la raíz de muchos conflictos a menudo se encontraba en la comunicación deficiente y en las diferencias en las expectativas. Por tanto, enfocó sus esfuerzos en mejorar la comunicación y en establecer expectativas claras y razonables, tanto para profesores como para estudiantes. Promovió siempre la creación de espacios seguros donde, tanto alumnos como docentes, podían expresar sus preocupaciones y buscar soluciones conjuntas, siempre guiados por principios de respeto, justicia y empatía. Este enfoque permitió resolver disputas de manera efectiva, fortalecer la comunidad educativa y promover un clima de colaboración y entendimiento

Mientras era senador académico de su facultad, el rector de la Escuela de Arquitectura se convirtió en rector de la universidad, debido al cambio de gobierno. En una reunión de un viernes por la tarde, el entonces rector le dijo al doctor Ramos Perea que no podía nombrarlo en la posición de decano, a lo que el doctor Ramos Perea le contestó que "no le importaba la posición, pero que le diera recursos para que los estudiantes pudieran utilizar más computadoras para procesar los datos". Era tanto el compromiso del doctor Ramos Perea que en uno de esos frecuentes encontronazos lo enfrentó un viernes, y le dijo que si no le brindaba los recursos que los estudiantes necesitaban, el lunes por la mañana le iba a paralizar la institución porque él ya tenía el apoyo de toda la facultad. El lunes a primera hora, el doctor tenía sobre su mesa los recursos que solicitaba.

En otra ocasión tuvo que hacerse cargo del Departamento de Fundamentos de la Universidad de Puerto Rico en el que había geógrafos, antropólogos, psicólogos, sociólogos y filósofos. Por la diversidad de las profesiones y de las personalidades de estos profesores existía un ambiente caótico en el cual había muchas luchas internas entre los colegas. Cuando aceptó el puesto, lo primero que hizo fue convocar a una reunión de toda esa facultad y les dijo: "voy a reunirlos un viernes al mes durante una hora que será a las 4:00 de la tarde; y esa reunión será exclusivamente para discutir los puntos que estén en agenda y luego llegar a conclusiones para repartirse el trabajo". Luego de muchas reuniones difíciles, el doctor Ramos Perea finalmente pudo enderezar la facultad, utilizando estrategias extremas como llamar a capítulo a profesores por conductas impropias y confrontar profesores que tenían guerras declaradas entre ellos.

Como ejemplo de esto, en una ocasión el doctor Ramos Perea citó a dos profesores que se tenían riña y les dijo: "Si ustedes no resuelven sus diferencias ahora mismo, yo los voy a citar el próximo viernes a las 3:00 de la tarde en el balneario de Isla Verde y les voy a llevar una caneca de ron para que se la tomen y luego se "entren a puños y resuelvan como hombres de una vez". Esto bastó para que los profesores conciliaran sus diferencias y continuarán trabajando por el bien de la facultad.

Otra de las diferencias con las que tuvo que lidiar fue con la distancia generacional que había entre los profesores y los jóvenes estudiantes. De igual forma tuvo que luchar por los derechos de sus estudiantes frente a otras facultades como la de Ciencias Naturales que siempre les negaba la oportunidad a los estudiantes de su facultad para que obtuvieran espacios en las clases de dicha facultad. Ante la negativa del decano de la Facultad de Ciencias Naturales, el doctor Ramos Perea logró su cometido mediante el apoyo de la Facultad de Estudios Generales. Estos son solo algunos de los muchos ejemplos en los que el doctor Ramos Perea sobresalía por su gran sentido de integridad y por siempre buscar evitar los conflictos a través del diálogo y la mediación.

Defensor de los derechos de los estudiantes

Más allá de sus logros académicos, el Dr. Israel Ramos Perea siempre ha sido un ferviente defensor de la educación como herramienta para el cambio social, ha trabajado incansablemente para mejorar el acceso a la educación de calidad para comunidades desfavorecidas, ha promovido la igualdad de oportunidades y ha luchado contra las barreras socioeconómicas que impiden el progreso educativo.

Siempre abogó por los derechos de los estudiantes. A manera de ejemplo, el doctor Ramos Perea cuenta que hubo una época en la que se le exigía a los profesores que publicaran trabajos académicos, o de lo contrario no serían ascendidos (una política conocida como "Publish or Perish"[14]. Esto provocó una presión entre los profesores que culminó afectando a los estudiantes, debido a que los profesores preferían dedicar más tiempo a sus investigaciones que a la docencia, llegando incluso al punto en el que hubo profesores que utilizaban trabajos que les hacían los estudiantes para publicarlos como de ellos.

El Dr. Israel Ramos Perea sentía gran pasión por el proceso de enseñanza-aprendizaje que se efectúa en salón de clases y por extensión fuera del mismo, ya que no es exclusivo del aula. Evitaba intervenir con las manifestaciones de huelgas. Los estudiantes que se ausentaban para participar en las manifestaciones, podían hacerlo sin recibir discriminación alguna. Por el contrario, los que deseaban continuar recibiendo sus clases eran bienvenidos, tanto en los salones como fuera de los mismos. Particularmente, los que tenían trabajos de investigación asistían a la oficina o incluso a su hogar para recibir orientación y ayuda en sus investigaciones.

El Dr. Israel Ramos Perea fue supervisor de un sinnúmero de colegas profesores, personal administrativo y otros profesionales, entre los que se encuentra el autor de esta obra, durante 11 años y medio. Una constante de todos los que tuvieron el privilegio de laborar junto al Dr. Israel Ramos Perea, es la de nunca haberlo visto enojado con ninguno de sus colegas profesores ni empleados, ni tampoco haberlo escuchado levantar la voz para señalar algo ni para corregir. Al momento de señalar alguna falla o situación, el Dr. Israel

---

14   "Publish or Perish" (Publicar o perecer) es un aforismo que describe la presión para publicar trabajos académicos para tener éxito en una carrera académica. Esta presión institucional es generalmente más fuerte en las universidades de investigación. Algunos investigadores han identificado este entorno como un factor que contribuye a la crisis de replicación de estudios.

Ramos Perea siempre tenía un gran sentido del respeto a sus compañeros; en efecto, a sus empleados, aunque fueran de un nivel más bajo en la escala laboral, les llamaba colegas, porque él resaltaba siempre la importancia de tratar a los demás con respeto. Todo el tiempo se comportó como una figura paterna que corregía con compasión y cuidando de que sus palabras no fueran hirientes o lacerantes.

Institucionalización de la investigación en American University

Desde los inicios de American University en los que existían solamente cuatro departamentos, Español, Inglés, Matemáticas y Estudios Sociales se utilizaban mucho los exámenes objetivos. El doctor Ramos Perea le enseñó a la facultad a utilizar las computadoras que venían con unas tarjetas llamada "Scantron"[15]. Como el doctor Ramos Perea mantenía una carga académica de enseñanza a tiempo completo en la Universidad de Puerto Rico, comenzó a trabajar en American University solo los lunes de 9:00 de la mañana a 2:00 de la tarde.

Utilizó extensamente el "Scantron", servido por la Olivetti para validar pruebas en las materias básicas de Español, Inglés, Matemáticas, Ciencias Sociales y Estudios e Investigaciones Empíricas. Posteriormente, con la llegada de SPSS con sus ocho programas originales, se logró aplicar técnicas correlacionales más avanzadas como análisis factorial y "reliability", entre otras, para validar pruebas e instrumentos de investigación.

---

15   "Scantron" es un tipo de metodología de prueba estandarizada que utiliza el reconocimiento óptico de marcas (OMR), mediante el cual la luz proveniente de un escáner reconoce dónde se hicieron marcas oscuras en una hoja de papel. Los estudiantes reciben una hoja de papel con cuatro o cinco burbujas por pregunta.

En American University, el doctor Ramos revolucionó los procesos de recopilación de datos y de investigación, mediante el uso de la tecnología y las computadoras, hasta el punto de que un profesor, cuando vino la acreditación de la "Middle States Commission of Higher Education"[16], le recomendó al doctor Ramos que escribiera un narrativo sobre la trayectoria de la tecnología en American University. Ese documento todavía existe.

Pero en ese momento ni siquiera el Centro de Cómputos tenía las facilidades para "correr" este tipo de exámenes, por lo que el doctor Ramos tomaba las tarjetas y se las llevaba a la Universidad de Puerto Rico y las procesaba en el mismo Centro que él estableció, y luego se las devolvía a los profesores de American University. De esta manera el doctor Ramos validaba todos los exámenes que se daban en los departamentos de American University. Todo esto lo hacía ambulatorio porque, como se mencionó anteriormente, no tenía ni siquiera oficina.

A través de los resultados de sus estudios, la institución creó un Centro de Educación Especial que ayudaba a jóvenes con rezago educativo para que pudieran mantenerse a un nivel satisfactorio que les pudiera ayudar a continuar y terminar su grado. Ese es el primer proyecto que evaluó el doctor Ramos Perea. Luego, se crearon otros proyectos como el "Upward Bound" y el Proyecto de Título 3, dirigido por el Prof. Nick Silva. Todos estos proyectos se nutrían de los datos que producía el doctor Ramos Perea.

En el capítulo 5, se explorará con mayor profundidad y detalle el legado de la obra investigativa del Dr. Israel Ramos Perea. Dicho capítulo se dedicará a analizar exhaustivamente

---

16   También conocida como "MSCHE" es una asociación voluntaria, no gubernamental, de membresía que define, mantiene y promueve la excelencia educativa en instituciones con diversas misiones, poblaciones estudiantiles y recursos.

cómo sus contribuciones investigativas han influido en las prácticas dentro de las Ciencias Sociales y la Educación. Se presentarán los modelos, investigaciones, proyectos y programas en los que participó como evaluador, destacando su enfoque único en la aplicación de la investigación para resolver problemas sociales y educativos concretos. Este análisis no solo reconocerá su impacto significativo en el campo, sino que también proporcionará una visión integral de las metodologías innovadoras que introdujo, estableciendo un puente entre la teoría académica y su aplicación práctica en contextos reales.

El próximo capítulo promete profundizar en cómo el Dr. Israel Ramos Perea no solo enriqueció el campo educativo universitario, sino que también redefinió la manera como la investigación puede ser aplicada para fomentar el desarrollo y la innovación educativa. Al examinar sus contribuciones, podrá verse cómo su enfoque holístico y su dedicación a la investigación aplicada han establecido nuevos estándares y han abierto puertas para futuras investigaciones y prácticas en la educación superior. Este análisis no solo resaltará la relevancia de sus trabajos, sino que también anticipará las futuras direcciones que podrían tomar las instituciones educativas para continuar su legado de excelencia y compromiso con la mejoría continua.

Una vida dedicada a la vocación de educar

A lo largo de más de cinco décadas, el Dr. Israel Ramos Perea ha dejado una huella imborrable en el ámbito educativo, desde la educación escolar hasta la universitaria en sus dos niveles de subgraduado y graduado. Su dedicación y compromiso con la enseñanza han transformado la vida de innumerables estudiantes y han contribuido significativamente al desarrollo académico y social de su comunidad.

En el nivel escolar, el Dr. Israel Ramos Perea se destacó por su enfoque innovador en la pedagogía. Introdujo métodos de enseñanza interactivos y personalizados que fomentaron un ambiente de aprendizaje inclusivo y motivador. Su capacidad para conectar con los estudiantes y adaptar su enseñanza a las necesidades individuales hizo que muchos jóvenes descubrieran su amor por el conocimiento y alcanzaran su máximo potencial.

En la educación universitaria, su influencia fue igualmente profunda. Como profesor universitario, el Dr. Israel Ramos Perea no solo impartió conocimientos, sino que inspiró a sus alumnos a pensar críticamente y a abordar los problemas desde múltiples perspectivas y disciplinas. Su investigación en el campo de la educación fue pionera, y sus publicaciones han sido referencia obligada para académicos y educadores en todo el país.

Además, en el ámbito de la educación graduada, el Dr. Israel Ramos Perea supervisó y fue mentor para diversas generaciones de maestros, investigadores y profesionales. Su apoyo incondicional y su orientación experta permitieron que muchos de sus estudiantes realizaran contribuciones significativas en sus respectivos campos. Como se verá en el siguiente capítulo, el legado académico se refleja en los numerosos exalumnos que hoy en día ocupan posiciones destacadas en instituciones educativas y de investigación.

Aún después de su retiro de la docencia, el doctor Ramos Perea continuó realizando estudios y brindando apoyo y asesoramiento en investigaciones en diversas áreas de interés educativo y sociológico que requerían cambios operacionales o estructurales significativos. Entre esos estudios, el doctor Ramos Perea recuerda los siguientes:

- *Situación y condiciones de la pesca en Puerto Rico*, solicitado por la Oficina del Gobernador, por medio de un colega universitario.
- *Situación y condiciones del magisterio puertorriqueño*, solicitado por el presidente de la Asociación de Maestros de Puerto Rico, colaboración.
- *Composición de la población penal en las 30 cárceles del país para su clasificación*. Solicitado por la Administración de Corrección.

Otros informes técnicos:

- *Evaluate the Superintendents & School Directors Academy- Department of Education* (September 21, 1990).
- *Evaluation of Alcohol and Drug Course, Character Development Wordshops and Family Camps, Mental Health, and Anti –Addiction Services Administration of Puerto Rico* (December 22, 1992).
- *Outcome Assessment and Summative Evaluation of DAAS – Sponsored Community Based AOD Prevention Program for Youth in the Aibonito Volunteer Corps in Service to Puerto Rico* (September 30, 1993).
- *Evaluation of the Guamani Intervention and Prevention Program for Youth Project* (June, 1993).
- *Evaluation of the Juana Matos prevention and Intervention Program* (June, 1993).
- *Guamani AOD Prevention and Intervention Services for Youths Project Gipsy* (August, 1994).
- *Guamani Intervention and Prevention Services for Youth Project: 1st, 2nd, 3rd, 4^{th,} and 5th Year of program Implementation Proposed Evaluation Design Prospectus.*
- *Process Assessment Report for Gipsy Community Based Alcohol and other Drugs Youth Prevention Program in Guamani Housing Project in Guayama, Puerto Rico,* (1991, 1992, 1993, 1994, 1995).

- *Need preferences and study Plans in New Students in the Bayamón and Manatí Campuses*, American University, (March 31, 1995).
- *Assessing the HIV knowledge, Adequate SEX and Attitudes and Overall AIDS Information and Prevention Measures among the Targeted youths in Guamani Prevention and Intervention Services.* (February, 1996).
- *Outcome Assessment Report on Gipsy Community-Based Alcohol and other Drugs Youth Prevention Program in the Guamani Housing Project in Guayama Puerto Rico.* 5th Year Demonstration Project (July 12, 1996).
- *Evaluación Formativa de Prevención en Violencia en Alto Riesgo en las comunidades de Playita y Shanghai Villa Palmeras Puerto Rico* (Julio 30, 2001, 2002, 2003, 2004).
- *Research Design Used in the Formative and Summative Evaluation of the Puerto Rico State Incentive Grant* (PRSIG) (2001, 2002, 2003, 2004, 2005, 2006).
- *Planning Assessment and Evaluation Report, Puerto Rico State Incentive Grant* (2002-2007).
- *Evaluación Formativa y Sumativa del Proyecto Centro de Apoyo Familiar Comunitario en las comunidades de Buen Consejo y Venezuela* (2003, 2004, 2005).
- *Implementation of Assessment Strategies in 63 Private Schools through the Project: Conectando Hacia el Éxito* (CHE) Sponsored by the Department of Education (2007-2008).
- *El perfil de los estudiantes a distancia en la educación superior de Puerto Rico: Aspectos psicosociológicos, académicos, éticos y legales*, Consejo de Educación, Superior de Puerto Rico (2008-2010).

Capítulo 5
Legado de la obra investigativa del Dr. Israel Ramos Perea

El legado del Dr. Israel Ramos Perea en el campo educativo es profundamente significativo y duradero. A través de su extensa carrera, el doctor Ramos Perea no solo abogó por la integración del avalúo en la educación, sino que también implementó metodologías innovadoras que han redefinido la manera como los educadores y las instituciones evalúan el aprendizaje y el rendimiento estudiantil. Sus contribuciones han trascendido las fronteras del salón de clases, y han influido en las políticas educativas y prácticas pedagógicas en todo el país. Su obra ha servido como una herramienta fundamental para entender y mejorar los procesos educativos, y han asegurado que las futuras generaciones de educadores continúen su visión de un aprendizaje más inclusivo, reflexivo y efectivo.

Estos conocimientos y experiencias como educador e investigador que pudo adquirir en sus viajes y estudios posgraduados lograron cambiar actitudes de rechazo al quehacer investigativo entre ejecutivos y universitarios. Este cambio actitudinal quedó plasmado con la adquisición de equipo, compra de computadoras y de programas estadísticos como el SPSS y el SAS, destinados a promover la investigación en las Ciencias Sociales y en las Ciencias Naturales, respectivamente.

Así, en la Universidad de Puerto Rico, Recinto de Río Piedras, se asignaron profesores interesados en conducir estudios en las áreas de Pedagogía, Sociales y Administración de Empresas; algunos a tiempo completo y otros a tiempo parcial. Se le asignaron estudiantes de maestría, y posteriormente doctorales como asistentes de cátedra y otros como ayudantes de investigación en las facultades interesadas en realizar estudios doctorales.

Además, se realizaron grandes esfuerzos profesionales en todos los niveles administrativos y docentes para que el Senado Académico del Recinto de Río Piedras pudiera aprobar el programa de maestría en Investigaciones y Evaluación Educativa, conocido con las siglas INEVA. Se publicaron 96 tesis de maestría, a partir del año 1983 hasta el 2022. En las primeras dos tesis publicadas, el Dr. Israel Ramos Perea fungió como director.

El Dr. Israel Ramos Perea fue de los primeros en utilizar el análisis factorial para crear instrumentos de medición, como lo hizo, inicialmente, en el programa de comunicaciones de la Universidad de Missouri y que luego desarrollara en todos los estudios que realizó y en las tesis en las que colaboró. Entre esos estudios antropológicos realizados en los inicios de su carrera, son de gran relevancia los estudios sobre la explotación en la región central de Puerto Rico de la planta nuclear en Rincón y el impacto sobre los residentes y el ambiente, a los que se hace referencia más adelante.

Algunos cursos tomados a nivel de bachillerato, maestría y doctorales impactaron, en cierta medida, su visión del comportamiento humano, al convivir en asentamientos naturales expuestos a experimentar cambios, tanto por factores internos como externos. Los estudios de bachillerato le permitieron familiarizarse con diversas teorías y modelos prevalecientes en Educación, Humanidades, Antropología y Ciencias Sociales. El contenido curricular del bachillerato en los Fundamentos Sociales de la Educación contenía cursos introductorios en Antropología, Economía, Psicología, Geografía, Sociología, Ciencias Políticas, Humanidades e

Historia General de Puerto Rico y de Estados Unidos, así como de Hispanoamérica, España, y cursos avanzados de Español.

Teorías multidisciplinarias aplicadas al proceso de investigación

La teoría de la variación cíclica que visualizaba la manera como las civilizaciones nacen, crecen y finalmente se descomponen y se destruyen, según Arnold J. Toynbee, dio pie a sus primeras investigaciones sobre la historia de España y la historia de un partido político en Puerto Rico. El ascenso y caída de las naciones cimentó su interés en investigar los antecedentes y consecuencias entre las naciones en períodos de guerras internas y externas. En la actualidad, como ejemplo, se observa el conflicto armado entre Rusia y Ucrania con sus consecuencias en la crianza y educación de la niñez y de los adolescentes, localmente y en el mundo entero.

El conductismo[17] también ejerció una gran influencia en las investigaciones, y enfatizó solamente en el estudio de las conductas y fenómenos objetivamente observables y medibles de los individuos. El doctor Ramos Perea sostiene que las motivaciones y la conciencia no pueden ser observados ni sometidos a experimentación. La metodología utilizada en las Ciencias Naturales no debía aplicarse en el estudio de la conducta humana. El conductismo, como todo constructo teórico y metodológico, confronta limitaciones para el estudio de la conducta humana por su visión mecanicista. En la formación profesional del futuro maestro de educación secundaria se debe dar gran énfasis a una visión gestalista de la sociedad y sus integrantes, y de los alumnos.

---

17   El paradigma conductista en educación se fundamenta específicamente en llevar un proceso de aprendizaje acompañado de estímulos y refuerzos para así obtener respuestas positivas por parte del estudiante.

La enseñanza se debía encauzar desde una perspectiva del todo, y dirigida hacia las partes. Visualizar la mente humana, sus aprendizajes y su conducta como un todo. Se rechazaba la visión conductista que solo considera materia de estudio lo que es directamente observable de la conducta humana. La visión gestalista[18] considera también el efecto moderador que ejerce el contexto familiar, social y cultural en el aprendizaje y desarrollo de la personalidad individual, como resultado de nacer, crecer, sobrevivir y aprender dentro de este contexto social, y de desarrollar una imagen de la mente sobre quiénes y cómo somos. Esta visión gestaltista proveyó y motivó en gran medida sus estudios sobre el autoconcepto y la autoestima de los estudiantes, en todos los niveles educativos.

Las teorías sociológicas funcionalistas, y las interacciones simbólicas que forman parte de los paradigmas teóricos fueron utilizados en la configuración y conceptualización de sus investigaciones y estudios de la conducta humana. El uso de diversos marcos y paradigmas teóricos en las investigaciones y estudios de la conducta humana constituye un legado para nuestros futuros investigadores de la conducta humana. De igual modo, el marco teórico propone la consideración e inclusión de múltiples factores como las variables independientes, e intercorreccionales dentro del diseño investigativo. Sugiere también la aplicación de regresión múltiple como tratamiento estadístico del problema bajo observación que requiere explicación y solución.

La conceptualización funcionalista de la conducta humana se enriquece y amplía con estudios de antropología social y

---

18   La teoría Gestalt se basa en la idea de que el cerebro humano intentará simplificar y organizar imágenes complejas o diseños que consisten en muchos elementos, al organizar inconscientemente las partes en un sistema organizado que crea un todo, en lugar de solo una serie de elementos.

cultural. El doctor Ramos Perea reconoció la influencia de profesores de antropología en sus estudios. Como ejemplo, analizó la explotación minera en el centro montañoso de Puerto Rico y la planta BONUS en el barrio Puntas del Pueblo de Rincón, Puerto Rico, que afectó la salud de los residentes; particularmente, la afluencia de pacientes de cáncer que se hizo evidente en ese barrio.

También estudió la manera cómo la tecnología, las fuerzas de la naturaleza e incluso las guerras alteran y ejercen cambios ecológicos en la convivencia humana. Por ejemplo, Chankom, una aldea mexicana, experimentó cambios en su forma de vivir cuando una carretera cruzó su hábitat natural. De igual manera, el estudio ayudaba a derribar conceptos erróneos derivados de la falta de estudios, como ocurrió con la tribu de los Aruntas en la selva africana invadida por los ingleses que fecundaban a las nativas; aquellos atribuían el nacimiento de niños blancos a que las madres se sentaban sobre las raíces de los árboles.

Con la antropología como marco de estudio, observamos en la actualidad los efectos de la pandemia del coronavirus, los huracanes Irma y María, y los terremotos en la zona costera y su impacto en la conducta humana, y en su convivencia del diario vivir. La emigración de familias golpeadas por la pandemia, los huracanes y los terremotos ha afectado la composición demográfica de los puertorriqueños. Predomina actualmente una población de personas mayores de edad, a la vez que se reduce la natalidad y se incrementa la carencia de bienes y recursos. Igualmente, en el campo de la educación, se ve afectado el nivel de aprovechamiento académico de los educados con el cierre de escuelas, colegios y universidades.

Todos estos eventos hacen que el terreno sea sumamente propicio para realizar estudios e investigaciones sociológicas, psicológicas, antropológicas y educativas entre puertorriqueños, de todas las edades, generaciones y estratos sociales. Particularmente, se deben realizar investigaciones entre los estudiantes de diversos niveles educativos para conocer cómo se manifiestan actualmente sus conductas, hábitos, actitudes y aprendizajes después de la pandemia, los huracanes y los terremotos, entre otras condiciones y variables interventoras, además del cambio climático.

Resultan sumamente preocupantes y ocupantes las condiciones de vida de los puertorriqueños en su propio suelo y en la diáspora. Amerita que se realicen estudios que den a conocer y provean los datos que evidencien las conductas y condiciones de vida. Luego, a la luz de los hallazgos y resultados, desarrollar los medios que conduzcan a dar solución a las situaciones problemáticas del diario vivir en nuestra Isla y en la diáspora. En su metodología, el doctor Ramos Perea siempre incluyó la creación y la utilización de instrumentos, y su validación estadística. Además de la presentación de los hallazgos y resultados del estudio, incluía las implicaciones teóricas, metodológicas y prácticas derivadas de los hallazgos del estudio.

Modelo triangular de avalúo institucional

El término "avalúo" en la enseñanza se refiere a un proceso sistemático de recolección, análisis y valoración de datos e información relacionados con diferentes aspectos del sistema educativo. Es fundamental para medir y optimizar la calidad académica, el rendimiento de los estudiantes y la eficacia de las instituciones y programas educativos. El avalúo permite identificar necesidades, evaluar la calidad de servicios académicos, y apoyar la planificación y toma de decisiones educativas. A diferencia de las pruebas estandarizadas que se enfocan en mediciones cuantitativas, el avalúo incluye tanto métodos cuantitativos como cualitativos para obtener una comprensión más profunda del aprendizaje y desarrollo de los estudiantes.

El Dr. Israel Ramos Perea desarrolló un modelo triangular de evaluación con instrumentos y medidas de investigación y avalúo institucional. Este "Modelo triangular de avalúo institucional" es una estructura conceptual para comprender y mejorar los procesos de enseñanza y aprendizaje. Este modelo se basa en tres componentes clave que deberían alinearse para lograr una educación efectiva: la entrada, "input"; el proceso, "process"; y el producto o impacto, "product", en el contexto de un curso, un taller o cualquier interacción dentro del proceso de aprendizaje.

Modelo triangular de avalúo institucional

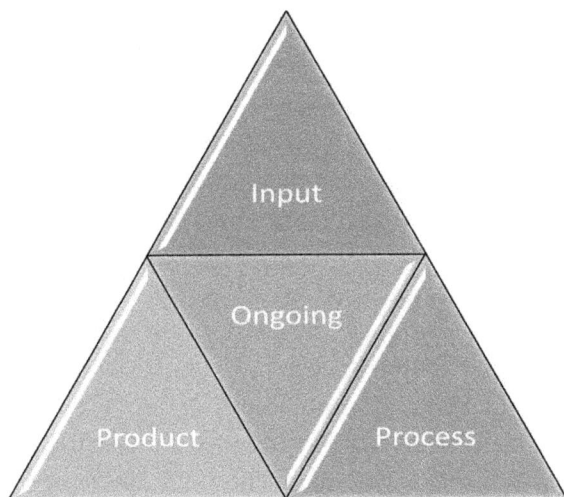

Este modelo triangular garantiza una evaluación holística al integrar insumo, proceso y producto, lo que ayuda a los educadores a identificar las fortalezas, debilidades y áreas de mejora, todo enmarcado en un proceso continuo. Se utiliza ampliamente en evaluaciones de programas, desarrollo curricular y evaluaciones de la eficacia institucional.

Para que un programa educativo sea efectivo, estos tres elementos deben estar coherentes y apoyarse mutuamente. Por ejemplo, la "entrada" o el impartir el conocimiento debe reflejar claramente los métodos de enseñanza utilizados; el proceso se refiere a la manera como se imparte la enseñanza; y el producto son los resultados que se obtienen. Todo esto dentro de un marco continuo, que utiliza el avalúo para medir de manera precisa si los estudiantes han alcanzado esos objetivos. La implementación efectiva de este modelo permite a los educadores identificar y resolver discrepancias entre lo que se enseña, cómo se enseña, y cómo se evalúa, mejorando así la calidad del aprendizaje y los resultados educativos.

Utilización de escalas para medir el aprendizaje

El Dr. Israel Ramos Perea utilizaba adjetivos que describen conductas, eventos y circunstancias del diario vivir para crear, validar y utilizar instrumentos de medición, avalúo y evaluación.

Aplicaba también el análisis factorial para categorizar, agrupar y correlacionar ítems de manera que se facilitara el procesamiento y análisis estadístico de los resultados. Usualmente aplicaba regresión múltiple para determinar el peso relativo de cada ítem, factor o variable independiente sobre la dependiente. Los resultados se daban a conocer mediante tabulaciones cruzadas, distribuciones de frecuencia, porcientos, pruebas estadísticas (Ji cuadrada) y gráficas. El SPSS, originalmente, tenía ocho programas con los cuales los usuarios comenzaron a utilizarlo en sus estudios. Usuarios como el doctor Ramos Perea formaron un grupo y publicaron sus recomendaciones en una revista titulada "Issue". Eventualmente, aumentó el número de programas estadísticos, en parte con las recomendaciones de sus usuarios.

El doctor Ramos Perea también ideó el colocar una escala del 1 al 10 contrapuesta; por ejemplo, simpático versus antipático, luego de hacer una serie de preguntas en ese sentido. Utilizó para eso un diccionario de español de sinónimos y antónimos y repasó algunos de esos términos para hacer un listado; además, de eso utilizó un listado de tesis doctorales.

El Dr. Isarael Ramos Perea hacía uso de adjetivos que describen conductas, eventos y circunstancias del diario vivir para crear, validar y utilizar instrumentos de medición, avalúo y evaluación. Además, creaba escalas, subescalas tipo "Likert" de tres y cinco posiciones ordinales para ser contestadas afirmativa o negativamente. Se le asignaban puntuaciones del 1 al 3 o al 5 para obtener una puntuación total. Se obtenía el promedio y media desviación estándar para subdividir la puntuación total en tres categorías indicativas de bajas, moderadas y altas puntuaciones. Se definían operacionalmente los resultados como, por ejemplo, bajo, moderado, alto conocimiento de la unidad de análisis correspondiente. Cada ítem o característica que formaba el instrumento se validaba estadísticamente con el programa "Reliability Spearman-Brown", entre otros, del "Statistical Package For the Social Sciences" (SPSS, 1984). La técnica estadística de validación variaba de acuerdo con los tres niveles de medición utilizados para recopilar los datos del estudio conocidos como nominales, ordinales y cuantitativos.

Cada informe técnico preparado por el Dr. Israel Ramos Perea contiene una explicación del procedimiento metodológico, de muestreo y estadístico utilizado para presentar los resultados del estudio. De ser pertinente, en sus informes técnicos acostumbraba a incluir las bases e implicaciones teóricas, metodológicas y prácticas, derivadas de los resultados obtenidos en sus investigaciones.

También utilizó la teoría de comunicación que planteaba: "quién dice qué, con qué medios, a través de cuáles canales y con qué resultados". El proceso de comunicación se desarrolla entre un emisor que emite un mensaje a través de un canal y que es recibido por un receptor que interpreta el contenido desde su perspectiva y visión sociocultural. Aunque puede considerarse un proceso mecanicista, está basado en una percepción sociopsicológica y humanista del comunicador emitente y el receptor que interpreta el contenido del mensaje, el medio utilizado para emitir el mensaje y su experiencia de convivir en un medio ambiente sociocultural.

Con esa conceptualización del proceso comunicativo, participó en proyectos de difusión de información que proponían cambios favorables en la conducta humana de agricultores, padres, estudiantes, maestros, consejeros y orientadores, y, entre otros receptores, funcionarios a cargo de programas educativos y de prevención de alcohol, drogas y tabaco.

El establecimiento de esa matriz de 5 X 5 de la variable dependiente, lo llevó a integrar la escala "Likert"[19] en sus investigaciones y estudios de avalúo institucional.

El Modelo triangular de evaluación se utilizó ampliamente para realizar estudios e investigaciones en American University, que culminaron con el avalúo institucional necesario para la renovación de la acreditación de la Middle States Association, tales como:

- Avalúo sumativo de la misión, postulados y objetivos institucionales de American University of Puerto Rico.

---

19   La Escala de "Likert" toma el nombre por el psicólogo Rensis Likert. Es una escala de calificación que se utiliza para cuestionar a una persona sobre su nivel de acuerdo o desacuerdo con una declaración. Es ideal para medir reacciones, actitudes y comportamientos de una persona.

- "Outcome Assessment for Strategic Planning".
- Estudio de seguimiento a egresados de la Universidad de América.
- "Institucional Planning Commitee Report".
- Informe del Comité de Planificación Institucional.
- "Institutional Planning Committee Report: Formative and Summative Evaluation Report".
- Avalúo del desempeño de los estudiantes enmarcados en el modo triangular y longitudinal de avalúo institucional: Monografía de investigación 2009.

Otro recurso utilizado fue la Escala "Hollingshead"[20] (1951) Educativa Modificada, también conocida como "Two Factor Index of Social Position: Occupation, Education Social Class".

Esta escala tenía un cierto rango de valores: 11 - 17= alta; 18 - 31= mediana alta; 32 - 47 = media; 18 - 63 = baja alta; y 64 - 77 = baja. Otros factores adicionales se incluyen cuando la información está disponible como lugar y tipo de residencia y propiedades poseídas, entre otros bienes. Con el propósito de preparar adecuadamente las nuevas generaciones para el mundo del trabajo, diversificar, enriquecer y ampliar los currículos; y, por otro lado, desarrollar nuevos campos ocupacionales, programas de adiestramientos y readiestramientos de personal, que condujo a un estudio de necesidades de personal, empresarial y ventas, entre otros. Utilizando esta escala como base entre otros documentos, se redactaron y presentaron varios "Research Papers", requeridos en los cursos sobre estratificación y movilidad social.

---

20   El índice de cuatro factores de estatus socioeconómico de Hollingshead es una encuesta diseñada para medir el estatus social de un individuo en función de cuatro dominios: estado civil, estatus de jubilado/empleado, nivel educativo y prestigio ocupacional.

De acuerdo con la tradición establecida por Hollingshead y otros, se continuó realizando estudios para examinar, determinar y modificar cada instrumento de medición y validación utilizado en sus estudios e investigaciones. El doctor Ramos era fiel defensor de que los datos son los datos "siempre y cuando sean válidos y validados e interpretados correctamente". Constituye una aportación y legado para futuras generaciones el determinar cuán válidos, consistentes y apropiados son los instrumentos de medición y de evaluación utilizados en sus investigaciones y estudios.

Técnica "QSort" desarrollada por el Dr. Israel Ramos Perea

La Técnica "QSort" fue desarrollada por el Dr. Israel Ramos Perea para investigar y evaluar la formación individual del carácter.

El Dr. Israel Ramos Perea reconoce la aportación del Dr. William Stephenson con su creación y uso de la Técnica del "QSort" en los estudios de la conducta humana y en las investigaciones de comunicación pública. Cuenta la anécdota que cuando el doctor Ramos Perea tomaba dos cursos en la Escuela Graduada de Comunicación Pública, primera en la nación de aquellos años, el profesor visitante, procedente de la Universidad de Londres a cargo del curso, asignó la lectura de un discurso de un prominente educador llamado Jaime Benítez. Cuánta emoción sintió por el reconocimiento otorgado a quien era su rector y patrocinaba sus estudios doctorales. La asignación consistía en leer detenidamente el mensaje y cualificar el mismo en rasgos positivos y negativos, los cuales se convertirían en ítems o aseveraciones para ser sorteadas y agrupadas por los alumnos de la clase. Tanto en su origen como en su desarrollo posterior se debe mantener como una técnica subjetiva. La siguiente asignación fue ampliar la técnica para describir las relaciones prevalecientes entre pares matrimoniales o de noviazgo, y la de relaciones laborales.

Escala evaluativa de sinónimos y antónimos

Atrevido(a)	5 4 3 2 1 2 3 4 5	Tímido(a)
Decidido(a)	5 4 3 2 1 2 3 4 5	Indeciso(a)
Accesible	5 4 3 2 1 2 3 4 5	Inaccesible
Optimista	5 4 3 2 1 2 3 4 5	Pesimista
Simpático(a)	5 4 3 2 1 2 3 4 5	Antipático(a)
Considerado(a)	5 4 3 2 1 2 3 4 5	Desconsiderado(a)
Laborioso(a)	5 4 3 2 1 2 3 4 5	Ocioso(a)
Enérgico(a)	5 4 3 2 1 2 3 4 5	Apático(a)
Compasivo(a)	5 4 3 2 1 2 3 4 5	Despiadado(a)
Jactansioso(a)	5 4 3 2 1 2 3 4 5	Humilde
Diligente	5 4 3 2 1 2 3 4 5	Perezoso(a)
Generoso(a)	5 4 3 2 1 2 3 4 5	Egoísta
Entorpecedor(a)	5 4 3 2 1 2 3 4 5	Facilitador(a)
Honesto(a)	5 4 3 2 1 2 3 4 5	Deshonesto(a)
Tímido(a)	5 4 3 2 1 2 3 4 5	Atrevido(a)
Tolerante	5 4 3 2 1 2 3 4 5	Intolerante
Juicioso(a)	5 4 3 2 1 2 3 4 5	Insensato (a)
Prudente	5 4 3 2 1 2 3 4 5	Imprudente
Diestro(a)	5 4 3 2 1 2 3 4 5	Inepto(a)
Respetuoso(a)	5 4 3 2 1 2 3 4 5	Irrespetuoso(a)
Inquieto(a)	5 4 3 2 1 2 3 4 5	Sosegado(a)
Laborioso(a)	5 4 3 2 1 2 3 4 5	Diligente
Cauteloso(a)	5 4 3 2 1 2 3 4 5	Incauto(a)
Agradecido(a)	5 4 3 2 1 2 3 4 5	Desagradecido(a)

Se debe comparar entre 40 ítems evaluados en una escala ordinal ascendente (ítems positivos) y descendente (negativos). El análisis estadístico se basa en la técnica Factor Disponible en el SPSS y la retención de los factores, utilizando varios procedimientos; los más utilizados son: "principal component" y "varimax correlation matrix".

En ambos cursos se logró conocer y utilizar paradigmas conceptuales y metodológicos aplicados en estudios de comunicación pública. El Dr. Ramos Perea reconoce la aportación de William Scramm con la conceptualización de la comunicación estructurada a lo largo del siguiente aforismo: "Who say what", "when", "through what channel", "with what effects" ("Quién dice qué, cuándo, por cuáles canales y con qué efectos").

Claramente, es una escala ordinal (de cinco posiciones que, aunque es de naturaleza subjetiva puede cuantificarse sin asumir precisiones empíricas de las Ciencias Naturales. Por tal razón el SPSS tiene más pertinencia para los estudios de las Ciencias Sociales que el SAS o BMD, respectivamente, más apropiados para los estudios en las Ciencias Naturales y en las Ciencias Económicas y en Administración de Empresas.

Como se demuestra en estos múltiples ejemplos, el uso de la investigación como estrategia enriquecedora e innovadora en la enseñanza constituye un legado para las futuras generaciones de educadores y de investigadores en educación en las Ciencias Sociales y en las Humanidades. Para el doctor Ramos la investigación es una estrategia de enseñanza en sí misma, ya que complementa todo el proceso de aprendizaje.

Herramientas de investigación: Análisis factorial y regresión múltiple

El doctor Ramos Perea fue usuario pionero del SPSS con los primeros ocho programas, estadísticos, los cuales utilizaba en el procesamiento de los datos. Entre los programas utilizados, aplicaba análisis factorial, creaba escalas de medición y procedía a ser validadas con el programa "Reliability". Se presenta la técnica "QSort"[21] como ejemplo de un instrumento para conocer el desarrollo de la personalidad individual, del carácter.

El estudio presenta un perfil de 1,814 estudiantes de primer año que ingresaron en el año 1984 a la Universidad de Puerto Rico, Recinto de Río Piedras. El grupo de estudiantes era heterogéneo en términos de su trasfondo personal, social y educativo, y de acuerdo con sus planes educativos y aspiraciones ocupacionales; las razones por las cuales decidieron estudiar en el Recinto de Río Piedras; las metas de estudio; las actividades "cocurriculares" en las cuales participaban activamente; y en las áreas en las cuales necesitaban más ayuda institucional. Los estudiantes se diferenciaban significativamente entre sí en cada uno de los nueve aspectos considerados en la prueba estadística. Se crearon cuatro escalas ordinales con las razones, las metas, las actividades y con las áreas de mayor necesidad, con el propósito de identificar los factores dominantes y subyacentes dentro de cada escala y para determinar la importancia relativa de los componentes dentro de cada factor.

Los resultados del análisis factorial y de regresión múltiple revelan que las metas más importantes de los estudiantes

---

21   Es el estudio sistemático de los puntos de vista de los participantes. La metodología "QSort" se utiliza para investigar las perspectivas de los participantes que representan diferentes posturas sobre un tema, haciendo que los participantes clasifiquen por rango y sorteen una serie de declaraciones.

de nuevo ingreso en 1984 eran las siguientes: (1) desarrollar su intelecto, (2) participar en actividades culturales, sociales y recreativas, (3) conocer gente para desarrollar la habilidad de convivir con las demás personas, y (4) graduarse de la universidad con una ocupación que le permita .ganarse un buen sueldo en el futuro y servir mejor a la sociedad. Deseaban además mejorar su propia imagen y enriquecer el acervo cultural. Esperaban, asimismo, desarrollar su personalidad en forma integral, ya que le asignaron mucha importancia a su desarrollo intelectual, social, cultural y personal. La meta principal era aumentar su participación en actividades culturales, sociales y deportivas, y conocer gente en segundo lugar. Los estudiantes de primer año de estudios universitarios le asignaron mayor importancia a su participación en las organizaciones estudiantiles, arte dramático, baile, coro, religión, dibujo y pintura, ya que enriquecen su formación profesional. Los estudiantes señalaron que necesitaban más ayuda institucional en las siguientes áreas: la expresión escrita y oral en inglés, los hábitos de estudio, orientación académica, en matemáticas, en los usos de la biblioteca y en orientación vocacional.

Por consiguiente, los resultados derivados del análisis factorial y de regresión múltiple implican y comprueban que es necesario e indispensable: (1) mantener debidamente organizados los programas de orientación y consejería, asistencia económica y las actividades culturales, sociales y recreativas; (2) facilitar el desarrollo integral de la personalidad del estudiante a la vez que encauzar su desarrollo ocupacional como metas dominantes y subyacentes respectivamente; (3) proveer los medios y los mecanismos para que los estudiantes participen decididamente en actividades sociales, religiosas, recreativas y de liderazgo, principalmente, y en actividades artísticas en menor escala; y (4) satisfacer las necesidades en las áreas en las cuales los estudiantes requieren más ayuda institucional relacionadas con su desarrollo social y personal y con sus destrezas lingüísticas, particularmente en inglés.

Los resultados derivados del cruce de variables demostró que existía una relación bien estrecha y estadísticamente significativa entre ambas variables dependientes (programa de estudio y escuela superior de procedencia) y las variables independientes definidas en términos del trasfondo social y educativo de los estudiantes; de las razones y metas de estudio; de las actividades extracurriculares en la cuales deseaban participar activamente; y de acuerdo con las necesidades más apremiantes en la cuales requerían más ayuda institucional.

Las diferencias observadas en el trasfondo social y educativo del estudiante se asocian lógicamente con las preferencias de los estudiantes por distintos programas y con las escuelas superiores de su procedencia. De igual modo, la escuela superior de procedencia estaba estrechamente relacionada con el programa de estudio preferido por el estudiante de primer año. Las diferencias observadas en las razones y metas de estudio, en la participación de los estudiantes en actividades curriculares y en las áreas de más necesidad, estaban íntima y estadísticamente relacionadas con los programas de estudio y con la escuela superior de procedencia de los estudiantes de primer año de estudios universitarios.

Aplicación práctica de la investigación

El compromiso del Dr. Israel Ramos Perea con la aplicación práctica de la investigación en las Ciencias Sociales y en las Artes y Ciencias de la Educación ha dejado una marca indeleble en estos campos. A lo largo de su carrera, no solo promovió activamente la investigación aplicada, sino que también participó como evaluador externo en una variedad de programas de prevención de acción social y educativa.

Su trabajo como evaluador ha sido fundamental para garantizar la eficacia y relevancia de programas destinados a abordar problemas sociales críticos y mejorar los procesos educativos. Esta labor ha contribuido significativamente a la mejora continua de estrategias de intervención y ha influido en la formulación de políticas públicas, fortaleciendo así el tejido social y educativo en diversas comunidades.

El doctor Ramos Perea prestaba sus servicios y a la vez fomentaba la investigación; con tal propósito solicitaba que aportaran con el reclutamiento de estudiantes del nivel graduado como auxiliares de investigación y operadores de equipo electrónico para el procesamiento computadorizado de datos. Promovió extensamente la investigación aplicada en los campos de las Ciencias Sociales y en las Artes y Ciencias de la Educación, y sirvió como evaluador externo en diversos programas de prevención de acción social y educativa. Entre esos programas y proyectos se encuentran los siguientes:

- Centro Sor Isolina Ferré: *Outcomes Assessment and Summative Evaluation of DAAS Community. Based Intervention and prevention AOD services for youths in the Caimito sister Isolina Ferré Center*, Río Piedras, Puerto Rico.
- *Guamani AOD Prevention and intervention services for youths' project GIPSY*, Guayama Puerto Rico.
- Juana Matos AOD *Prevention and Intervention services for youths' project "Jump"* Cataño, Puerto Rico.
- *Central Mountain Coalition Town's youths' alcohol, tabaco, and other drugs, ARP Drills, Preventions Program Utuado, Lares and Adjunta's Stargeted and Non –targeted urban and regal rural Puerto Ricans Junior High Schools.*

- *Puerto Rico Incentive Grant Prevention ATOD Program second outcome assessment report for the year 2005.* March-October 2005. Submitted by Israel Ramos Perea, PhD; Myrna E. Rodríguez, PhD.

En resumen, la trayectoria del Dr. Israel Ramos Perea en la educación escolar, universitaria y graduada es un testimonio de su excepcional compromiso con el aprendizaje y el desarrollo humano. Su legado perdurará a través de las generaciones de estudiantes y educadores que han sido y seguirán siendo impactados por su visión y dedicación. Su contribución no solo ha enriquecido el mundo académico, sino que también ha tenido un impacto duradero en la sociedad, y ha demostrado que la educación es un pilar fundamental para el progreso y el bienestar colectivo. Como confirmación de ese legado, se presentan los testimonios de algunos de los profesionales más sobresalientes en sus campos. Con este propósito, se auscultó la opinión de un grupo selecto de profesionales, como catedráticos, historiadores y directores ejecutivos, entre otros, que tuvieron la oportunidad de interactuar con el Dr. Israel Ramos Perea en el entorno educativo. A ellos se les preguntó en qué ámbito conocieron al doctor Ramos Perea, y qué recuerdos tienen de su experiencia con él. Sus respuestas se ofrecen en el próximo capítulo.

Muestra de estudios realizados a partir de las teorías aprendidas

Como muestra, a continuación se presentan algunas investigaciones relacionadas con el desarrollo de la personalidad individual del estudiante de nuevo ingreso y su transición y ajuste institucional.

Basado en el concepto de Coopersmith "Como soy yo", adaptado y validado estadísticamente. Este instrumento consta de treinta aseveraciones (ítems) contestadas, con base en una escala ordinal tipo "Likert" de tres alternativas: casi siempre, a veces y casi nunca soy así. Los valores numéricos 3, 2, 1 contestan positivamente, y la inversa 1, 2, 3, los ítems negativos. Uno de estos estudios realizado en múltiples años académicos fue: *El autoconcepto de estudiantes de nuevo ingreso de la American University de Puerto Rico.*

El *Desarrollo de carácter* fue otro estudio diseñado por el Dr. Israel Ramos Perea con el propósito de conocer y evaluar el impacto observado con la participación de los estudiantes en los temas o tópicos cubiertos en los cursos, talleres de desarrollo del carácter, pasadías y comportamientos familiares.

En la conceptualización del cuestionario se consideraron teorías sobre la personalidad, elaboradas por Erik Emerson con su "psicología del yo"; Erich Fromm con su "concepto de la existencia humana saludable"; Fredrick Skinner conductivista y Albert Bandura con su "conceptualización del aprendizaje social y accidental". Ellos sirvieron, pues, como punto de referencia. Con el mencionado trasfondo teórico se destaca una muestra de estudios realizados:

- *Desarrollo integral de la personalidad del estudiante de nuevo ingreso matriculado en el curso TRUN 105. Transición a la vida universitaria,* ofrecido en el primer semestre del año académico.

- *El desarrollo del carácter entre estudiantes de nuevo ingreso a inicios y al final del curso Transición a la Vida universitaria.* Ofrecido el primer semestre del año académico.

- *El desarrollo del carácter de 336 estudiantes de nuevo ingreso en American University de Puerto Rico.* El cuestionario de opinión contenía tres partes; en su primera y segunda parte el Cómo soy yo (30 ítems) y el Desarrollo de carácter (51 ítems). La tercera parte evaluaba Cómo se dieron los temas cubiertos en los talleres: si, no; superficialmente, regularmente, cabalmente o bien. Las ocho premisas incluían también una tabla que indicaba en qué medida se atendieron. Además, provee la siguiente escala ordinal: muy bien, bastante bien, regularmente y pobremente, con la evaluación de esas nueve premisas.

- *Talleres de capacitación y de orientación y consejería preferidos por los estudiantes de nuevo ingreso.* Un estudio que servía de guía para las oficinas que ofrecían consejería y recursos de apoyo a estos estudiantes.

- *Informe de actividades y talleres. Evaluaciones formativas sobre el nivel de satisfacción de los participantes con los talleres que se ofrecían en el Recinto.* Estos informes servían para el avalúo y el mejoramiento del grado de calidad de talleres subsecuentes.

- *La transición de la escuela superior al nivel universitario.* Una muestra de estudiantes de primer año y su experiencia en su adaptación al mundo universitario.

- *Estudio de seguimiento a estudiantes que descontinuaron sus estudios al finalizar el primer semestre del año académico.* Una útil herramienta para oficinas de admisiones y asuntos académicos.

- *Perfil estudiantil, necesidades, intereses preferencias y planes de estudio de los estudiantes de nuevo ingreso.* Estudio que permitía obtener una fotografía de los estudiantes en su primer año. Este estudio se compartía con todas las oficinas relacionadas con los asuntos académicos.

- *Informes investigativos sobre las necesidades, preferencias y planes de estudios de los estudiantes de nuevo ingreso.* Estudio preliminar de los estudiantes que trabajan y los que no trabajan mientras estudiaban. También incluía a estudiantes de los programas nocturnos y sabatinos, estudiantes del programa de servicios especiales, estudiantes de nuevo ingreso, estudiantes que se dieron de baja.

- *Perfil de 250 estudiantes, sus necesidades preferencias y uso de las computadoras, la internet y las redes sociales.* Ofrecía datos valiosos sobre las necesidades relacionadas con la programación de cursos de trimestres diurnos y nocturnos.

- *Factores que inciden en la descontinuación de estudios del programa trimestral.* Estudio realizado entre estudiantes inactivos de los recintos de Bayamón y Manatí.

Todos estos estudios siempre estaban fundamentados en la concepción gestaltista del desarrollo del carácter y cognitivo de los seres humanos. Brindó particular atención a los estudiantes de nuevo ingreso; en particular, el seguimiento a lo largo de sus estudios universitarios hasta culminar los mismos; y, posteriormente, a conocer sus paraderos como egresados universitarios.

El doctor Ramos Perea concebía que el proceso de enseñanza aprendizaje puede incrementar su efectividad con la preparación de pruebas cortas, exámenes variados, proyectos de investigación y aplicación de conocimientos, destrezas, actitudes y hábitos del estudiante. Por un lado, el maestro tiene que dominar y saber comunicar el contenido de su maestría y evaluar apropiadamente el aprendizaje del estudiante. Por otro lado, el estudiante tiene y debe asumir su responsabilidad para crecer y aportar a su desarrollo mediante el estudio con buenos hábitos y la realización de esfuerzos genuinos que derivan logros en su formación. Simultáneamente, el clima y el medio ambiente en el cual se desarrolla el proceso de enseñanza aprendizaje es crucial para ser efectivo.

También realizó diversos estudios institucionales relacionados con la satisfacción, evaluación y el avalúo "assessment" de los estudiantes con el currículo, y la enseñanza y el aprendizaje logrado en sus clases, programas académicos, y con el logro de la misión, objetivos y postulados de su institución universitaria.

Investigaciones orientadas al desarrollo personal, cognitivo y de destrezas del carácter

Las investigaciones realizadas estaban orientadas al desarrollo personal, cognitivo y de destrezas del carácter del estudiante, desde la transición de sus estudios de escuela superior a la universidad. Enfatizaban el desarrollo de buenos hábitos de estudio, el desarrollo de normas de conducta y el desarrollo integral de la personalidad del estudiante; investigaban sus necesidades especiales, preferencias y hábitos de lectura, entre otros factores de dominio cognitivo; en el inventario de necesidades, se consideraban las clases por la facultad y por los consejeros y orientadores. Se ofrecieron talleres y seminarios que atendían esas necesidades. Algunos ejemplos se presentan en los siguientes estudios:

- *Talleres de capacitación y de orientación y consejería preferidos por los estudiantes de nuevo ingreso.*
- *El hábito de la lectura entre estudiantes de primer ingreso a principios y al final de curso TRUN 105,* Transición a la vida universitaria.
- *Conocimiento y uso de drogas y alcohol entre 188 estudiantes de la AUPR, recinto de Bayamón.* Informe técnico de investigación.
- *Sumario ejecutivo del programa de Prevención de drogas y alcohol en los recintos universitarios de la Universidad de América.*

- *Opiniones vertidas por estudiantes de nuevo ingreso de la AUPR sobre el uso de alcohol, tabaco y drogas, y SIDA:* Informe Técnico.

El doctor Ramos Perea también se destacó en la utilización, modificación, creación, validación y reconocimiento a sus predecesores que aportaron instrumentos de medición evaluación y de avalúo. Igualmente fue pionero en la evaluación de programas de acción social, educativa y preventiva. Entre las agencias gubernamentales públicas y organizaciones privadas con programas de prevención o de acción social evaluados se encuentran:

- *Fobia al inglés.* Universidad de Puerto Rico, Recinto de Río Piedras, Office of Planning and Development.
- *A profile of Freshment students attending the University of Puerto Rico at the Río Piedras Campus during academic year 1984-85.*

Satisfacción del estudiante, evaluación y avalúo

Los estudios de satisfacción del estudiante, junto con la evaluación y el avalúo, forman un trípode esencial en el campo de la educación moderna; son los encargados de medir y mejorar la experiencia y el aprendizaje de los estudiantes dentro de las instituciones educativas. Estos estudios son fundamentales para entender no solo el rendimiento académico, sino también el bienestar general y la percepción del entorno educativo por parte de los estudiantes. A través de diversas metodologías, como encuestas de satisfacción, evaluaciones formativas y sumativas, y procesos de avalúo integral, los educadores y administradores pueden obtener una visión clara de la eficacia de los programas de enseñanza y las áreas que requieren ser mejoradas. Esta información es crucial para ajustar currículos, métodos de enseñanza y servicios de apoyo, y asegurar que se atiendan las necesidades y expectativas de los estudiantes y se fomente un ambiente académico que propicie el éxito y la satisfacción estudiantil. Entre los estudios realizados sistemáticamente por el Dr. Israel Ramos Perea se encuentran:

- *Los once programas y servicios institucionales*
- *Clases diarias durante los meses de abril y mayo*
- *Avalúo del aprendizaje*
- *Evaluación de la enseñanza*
- *Sumario evaluativo del programa de Prevención de drogas y alcohol*
- *Evaluación curricular y de la enseñanza, realizada por los egresados del Programa de Gerencia en Recursos Humanos*
- *Estudio comparativo de los resultados de las pruebas para la certificación de maestros, administrada a todos los candidatos y a los egresados de la American University*

Estudios de avalúo en el ámbito educativo

El Dr. Israel Ramos Perea es reconocido como un pionero en la implementación de estudios de avalúo en el ámbito educativo. Su enfoque innovador y su dedicación al análisis sistemático de los procesos de enseñanza y aprendizaje han contribuido significativamente a la evolución de las prácticas educativas. Desde sus primeras investigaciones, el Dr. Israel Ramos Perea identificó la necesidad de integrar métodos de avalúo que no solo midieran el rendimiento estudiantil de manera cuantitativa, sino que también ofrecieran un análisis cualitativo profundo para mejorar la calidad educativa. Sus trabajos han servido de base para el desarrollo de políticas educativas y han influenciado a generaciones de educadores a adoptar prácticas de avalúo más reflexivas y efectivas. Realizó, entre otros, los siguientes trabajos:

- *Avalúo del aprendizaje logrado por los estudiantes de nuevo ingreso en los cursos de "Transición a la vida universitaria".* Estudio especializado en brindar retroalimentación a los profesores y oficinas que brindaban servicios a estos estudiantes.

- *Avalúo del proceso enseñanza aprendizaje.* Estudio periódico para auscultar el aprovechamiento académico de los estudiantes en los recintos de Bayamón y Manatí de American University of Puerto Rico.

- *Avalúo de la aportación y el esfuerzo realizado por los estudiantes, mientras contestan los exámenes de American University.* Estudio que profundizaba en el proceso de aprendizaje de los estudiantes.

- *Avalúo del aprendizaje, uso y utilidad del inglés dentro y fuera del salón de clases en American University.* Medía el aprendizaje del inglés como segundo idioma.

- *Avalúo de las actividades de promoción.* Estudio que brindaba valiosa información a las oficinas de reclutamiento.

- *Avalúo del desempeño de los estudiantes en los exámenes.* Estudios enmarcados en el modelo triangular y lingüístico de avalúo institucional.

Primeros estudios de los alumnos de nuevo ingreso

Los estudiantes que ingresaron en la Universidad de Puerto Rico, Recinto de Río Piedras en el año 1984 se sentían muy motivados e interesados en desarrollar sus potenciales intelectuales y cualidades humanas a través del estudio en los programas académicos de su preferencia y mediante la participación dinámica en actividades estudiantiles y universitarias de naturaleza cultural, social y recreativa. Estaban conscientes, sin embargo, de sus limitaciones económicas y en las artes de lenguaje; asimismo, de sus barreras en inglés, matemáticas, y comprensión en lectura; en sus hábitos de estudio y en los usos de la biblioteca.

Correspondía, por tanto, al Decanato de Estudiantes y a la Facultad de Estudios Generales tomar la iniciativa para que se planificara y se coordinara un plan de acción con las demás unidades y facultades, para atender las necesidades más apremiantes de los estudiantes de nuevo ingreso. Se debe dar seguimiento a la prestación de servicios al estudiante y se deben evaluar periódicamente los programas y servicios que se ofrecen al estudiante universitario. Se recomienda finalmente que se dé prioridad en el propuesto plan de acción a los siguientes programas y servicios; (1) orientación y consejería académica, vocacional y personal; (2) asistencia económica, becas y programas de estudio y trabajo; (3) las actividades extracurriculares de naturaleza cultural, social y recreativo; y (4) los programas de estudio vigentes en las unidades y departamentos de cada facultad.

Capítulo 6
Testimonios de algunos profesionales reconocidos

Enseguida se detallan las experiencias y opiniones de destacados profesionales que tuvieron la privilegiada oportunidad de conocer y colaborar con el Dr. Israel Ramos Perea. A través de sus relatos, se revela la magnitud del impacto que el Dr. Israel Ramos Perea ha tenido en su campo, y se refleja su profundo compromiso profesional y su influencia perdurable en sus colegas y en la comunidad académica. Los testimonios recopilados aquí no solo destacan sus habilidades técnicas y su liderazgo, sino también su capacidad para inspirar y motivar a otros, y dejar una huella imborrable en todos aquellos que tuvieron el honor de trabajar a su lado. Estas narrativas personalizadas proporcionan una visión integral del carácter y la ética profesional del Dr. Israel Ramos Perea, y muestran por qué es tan respetado y valorado en su profesión.

Dr. Ché Paralitici, catedrático e historiador

El doctor Paralitici es un conocido historiador y activista en el ámbito nacional de distintas causas justas que beneficien al país. Sobre el Dr. Israel Ramos Perea recuerda lo siguiente:

> Conocí al doctor Ramos Perea debido a que fue compañero en la Universidad de América (luego conocida como American University of Puerto Rico), cuando él dirigía la Oficina de Estadísticas de la universidad, a finales de la década de 1980. Fue un gran colaborador y orientador en la construcción de unas tablas estadísticas y de datos para mi tesis doctoral.

Fue y es mucho lo compartido con el Dr. Israel Ramos Perea, tanto en el campo académico como en el de nuestra amistad. El Dr. Israel Ramos Perea es un ejemplo de la humildad representada por un gran catedrático y humanista. Conversábamos mucho sobre la vida que llevó en su pueblo de Rincón y como han permanecido sus lazos pueblerinos hasta hoy, algo que ha sido muy significativo para él. Si tuviera que describirlo en una sola palabra sería: "Humanista"[22].

Dra. Cristina Martínez Lebrón, directora de Investigación, Planificación y Efectividad Institucional

La doctora Martínez es una profesional sobresaliente en el campo de la investigación y planificación. Del Dr. Israel Ramos Perea recuerda:

Conocí al Dr. Israel Ramos Perea en el ámbito profesional cuando comencé a trabajar como directora de Planificación en American University of Puerto Rico, en 2009. Sin embargo, lo que inició como una relación profesional, se transformó en una hermosa relación de familia. El Dr. Ramos y yo desarrollamos un vínculo tan hermoso que tanto a mi esposo, Diego Hernández, como a mí nos trataba como a hijos. Tuvimos la oportunidad de conocer a su esposa Mercedes cuando lo visitaba en su casa. Luego de nacer mi hija mayor, la llevábamos a su casa a visitarlo, y él solía pasearla por su patio para que viera las flores; ella lo consideraba su abuelito.

Una de las anécdotas que más atesoro es que diariamente en la oficina se ocupaba de ayudarme a crear un balance.

---

22   En el uso coloquial, el término "humanista" a menudo se refiere a alguien que muestra gran preocupación por el bienestar y los valores humanos, más allá de su educación formal en humanidades. Un humanista en este sentido puede ser alguien que actúa con empatía y comprensión hacia los demás, promueve el desarrollo humano y se interesa profundamente por cuestiones como los derechos humanos, la justicia social y la ética.

Siempre he sido algo "workaholic" y solía trabajar incluso durante el almuerzo. Pero el doctor Ramos se aseguraba de que tomara mis momentos para despejar la mente. Recuerdo con mucha nostalgia al Dr. Ramos cuando entraba por la puerta de mi oficina entre las 2:00 y 3:00 pm con nuestros cafés y me decía: "Nena, despégate de esa computadora un momento". Asimismo, cuando era hora de irse, siempre paraba en mi oficina para decirme: "Apaga ya esa computadora y vete a descansar". Esta era una de las muchas formas en las que me demostraba su cariño.

Si tuviera que describir al doctor Ramos en una sola frase, diría que es una de las personas más nobles, genuinas y alegres que he conocido en mi vida.

Dr. Víctor M. Concepción Santiago, catedrático de educación

El doctor Concepción ha sido un educador sobresaliente y líder académico en las instituciones en las que ha laborado, como la Universidad Interamericana de Puerto Rico. Del Dr. Israel Ramos Perea cuenta lo siguiente:

> Conocí al Dr. Israel Ramos Perea cuando yo dirigía el Departamento de Artes y Ciencias del Recinto de Manatí de la American University de Puerto Rico (1998).
>
> Recuerdo que al iniciar mis funciones como director de Artes y Ciencias, en una reunión de verano, la directora del Recinto de Manatí, la Profa. Magaly Febles, me entregó una serie de monografías de investigación descriptivas, cuantitativas y cualitativas de los perfiles personales, económicos, motivacionales, sociales y académicos de los estudiantes. Esas monografías las publicaba el Dr. Israel Ramos Perea. De hecho, estaban disponibles en la biblioteca del Recinto. Me las leí todas. Por lo que lo

conocí, inicialmente, a través de la lectura de sus trabajos de investigación en American University, Recinto de Manatí.

Esos documentos monográficos de investigación me llamaron mucho la atención; pues los datos me ayudaron (como director y líder educativo en formación) a entender mejor como atender las necesidades de los estudiantes. De hecho, una de las monografías de investigación presentaba datos estadísticos descriptivos e inferenciales, así como posibles estrategias o actividades que podíamos desarrollar en el Recinto para mejorar la admisión, retención y graduación de los estudiantes.

Cabe destacar que en esos momentos acababa de completar los cursos de investigación en el programa doctoral de la Universidad Interamericana de Puerto Rico. Por tanto, al leer los contenidos de las monografías pude comprender mejor la aplicación de las diferentes herramientas y técnicas de análisis estadístico, tanto descriptivas como inferenciales, que debía dominar como líder en el campo de la educación.

Luego de leerlas todas, le solicité a Magaly que me permitiera ir al Recinto de Bayamón para conocer al Dr. Israel Ramos Perea. Ella me autorizó, fui y lo conocí. En ese momento el Dr. Israel Ramos Perea estaba trabajando junto al ahora Dr. Rommel Alfonseca. Recuerdo que había otro joven cuyo nombre se me escapa de la memoria (Prof. Carlos Sandoval). Pude apreciar en ese momento lo que es una Oficina de Investigación Institucional enfocada al servicio, al éxito estudiantil y al compromiso con los estudiantes.

Asimismo, recuerdo el sentido de aprecio, respeto y apoyo que me brindaron, mientras ocupaba la posición de director de Artes y Ciencias del Recinto de Manatí. En la oficina me compartieron instrumentos. Me explicaron como los diseñaban, desarrollaban, distribuían, recogían los datos y validaban, con base en las herramientas de SPSS.

Desde entonces con el Dr. Israel Ramos Perea y su equipo de trabajo de Investigación Institucional de American University, aprendí la importancia, como líder de la educación, de definir adecuadamente el problema que interesa investigar, la redacción de las preguntas o hipótesis, el desarrollo de los reactivos y las escalas, así como la definición de constructos teóricos, con base en la revisión de la literatura. Aprendí con su equipo de trabajo la aplicación del "Alpha de Chronbach"[23] para determinar los niveles o escalas de confiabilidad en los instrumentos para la recopilación de los datos. En fin, datos que nos ayudan a tomar decisiones informadas, objetivas y estratégicas para alcanzar la misión y las metas de la institución donde trabajamos como líderes de la educación. Esto es, siempre enfocado en el desarrollo de proyectos educativos que redunden en el beneficio de los estudiantes para alcanzar su éxito personal, profesional y académico, conforme a la misión educativa institucional. Así conocí al Dr. Israel Ramos Perea y su excelente equipo de trabajo en American University. Esto es, como investigador y luego como su estudiante del programa doctoral en Administración Educativa de la Universidad Interamericana de Puerto Rico (1995-2001).

Como anécdota, recuerdo que el doctor Ramos Perea me llamó la noche antes de mi defensa de disertación doctoral para indicarme que estaba leyendo el trabajo

---

23   Medida estadística utilizada para evaluar la confiabilidad interna de un conjunto de preguntas o ítems en un cuestionario. En otras palabras, nos ayuda a medir cuán consistentes y relacionadas entre sí son las preguntas en una escala de medición.

y pudo apreciar unos resultados de cruce de variables interesantes. Particularmente, la relación entre el nivel de profesionalismo (variable dependiente) y la participación en actividades de desarrollo profesional de los maestros (variable independiente). En el proceso de las preguntas de uno de los miembros del comité, el doctor Perea me guiñó el ojo, y contesté la pregunta exitosamente, con esa información que me compartió la noche anterior.

Los conocimientos adquiridos con el Dr. Israel Ramos Perea, pude aplicarlos también en mi disertación doctoral (*El nivel de profesionalismo de los maestros del Departamento de Educación de Puerto Rico: Un estudio exploratorio-descriptivo*), y entre otros, en un artículo de investigación publicado en el periódico El Nuevo Día que destacaba la importancia de la vocación docente en la educación de maestros. También aprendí del doctor Ramos Perea a enfocar mis gestiones como líder educativo en los tres pilares que definen la universidad. Estos son, la docencia, la investigación y el servicio. Si tuviera que describir al Dr. Israel Ramos Perea con una sola palabra sería: "MAESTRO ¡En mayúsculas!".

José A. Ramírez Figueroa, Ed.D., educador y administrador universitario, vicepresidente para Asuntos Académicos y Estudiantiles de American University of Puerto Rico

Conocí al Dr. Israel Ramos Perea aproximadamente en el año 2000. Yo había comenzado a trabajar antes en American Unversity en calidad de profesor, pero en el año 2000 se me asignó la coordinación de un nuevo proyecto subvencionado por el Gobierno Federal. Es en ese momento que lo conozco, pues coincidíamos en algunas reuniones. Me llamaban la atención sus conocimientos, su espontaneidad, su sencillez, y al mismo tiempo el respeto que le tenían los compañeros que llevaban más tiempo en la Institución. Recuerdo su participación activa en las actividades de verano que me correspondía organizar como parte de ese proyecto, así como sus palabras de elogio y estímulo.

Como anécdota, recuerdo que en 2006 fui nombrado director de la Facultad de Educación y Tecnología de AUPR. Pronto tendríamos la visita de la agencia acreditadora (Middle States Commission on Higher Education). Recuerdo que previo a la visita, el doctor Ramos Perea se presentó en mi oficina con muchísimos informes que se habían hecho en los últimos años. "Léetelos y luego hablamos. Créeme que te van a servir para que cuando venga la gente de Middle States puedas responder sus preguntas sin ningún problema". Y así fue. Cuando se lo comenté, me dijo: "Ah, ¿ya ves? Yo te lo dije, pero tú estabas bien preparado". Siempre le estaré muy agradecido.

También recuerdo haberlo "bromeado" alguna que otra vez si mi equipo de béisbol de los Criollos de Caguas, le ganaba algún juego o campeonato a su equipo de los Indios de Mayagüez. Yo lo "bromeaba", pero... con cuidado, porque sabía que el doctor es incondicional de los Indios. Yo en cambio, lo hacía para "correrle la máquina" porque a mí, en realidad, me daba igual qué equipo ganara. Claro que, aún hoy en día, "Mayagüez sabrá a mangó, pero Caguas, Caguas sabe a béisbol", como decía el gran comentarista deportivo Héctor Rafael Vázquez, padre.

Además de la participación conjunta en comités de trabajo para rendir los informes de la agencia acreditadora y del entonces Consejo de Educación de Puerto Rico, tengo que agradecerle su estímulo y sus consejos cuando comencé a estudiar mi doctorado en Currículo e Instrucción. Siempre estuvo muy dispuesto a ayudarme en los cursos en que debía realizar tareas relacionadas con investigación y en varias ocasiones recurrí a él. Cuando nos cruzábamos en los pasillos de la universidad, siempre me preguntaba: "¿Cómo va eso?"

Como enseñanza, recuerdo su mayor consejo: "Perseverar en lo que te has propuesto como proyecto de vida, a pesar de los obstáculos que puedan presentarse. No rendirse jamás". Tomarse un café con el Dr. Ramos Perea en la cafetería de la universidad era una lección de vida. Si pudiera describir al doctor Ramos Perea en una frase, sería: "Tan conocedor, y tan humilde".

Profa. Jolie Poggys, oficial ejecutiva de ASSMCA

Conocí al Dr. Israel Ramos Perea alrededor de los años 2003 y 2004. Yo trabajaba en la Administración Auxiliar de Prevención de ASSMCA y lo conocí a través de la Dra. Myrna Rodríguez, quien junto con él tenía una corporación llamada Apex Consulting Services. La corporación se ocupaba de evaluar los programas de servicios que la Agencia prestaba a diferentes poblaciones. Aunque no trabajé directamente con ellos, cuando tenían reuniones con la administradora auxiliar de Prevención sí lograba interactuar con él. Lo recuerdo como una persona afable, accesible y sobre todo muy ético y comprometido con las evaluaciones que llevaban a cabo.

Una anécdota: Al cabo del tiempo, de conocer al doctor Perea, me enteré, a través de otra persona que teníamos en común, que éramos fanáticos del mismo equipo de "baseball" de Puerto Rico, los Indios de Mayagüez. Me resultó muy agradable saberlo.

Profa. María A. Rodriguez-Paz, profesora retirada, directora del Programa de Educación de American University of Puerto Rico.

La profesora Rodríguez-Paz es una educadora destacada que dedicó toda su vida a la enseñanza y a inculcar en los estudiantes el amor por la lectura. Fue directora de diversos programas en las universidades donde se desempeñó, principalmente en American University of Puerto Rico. De la interacción con su colega, el Dr. Ramos Perea, nos comenta:

> Conocí al doctor Ramos cuando llegó a American a fungir como director de la Oficina de Planificación Institucional, alrededor de 1985. Recuerdo cuando él se refería a que anteriormente su esposa era reconocida como la esposa del doctor Ramos, pero que luego a él lo recordaban por ser el esposo de la doctora Mercedes Otero.
>
> Trabajamos en varios proyectos relacionados con los estudios institucionales para las agencias acreditadoras. Aprendí del doctor Ramos Perea a ser paciente, diligente y comprometida con la enseñanza, virtudes que siempre admiré en él. Si pudiera describir al doctor Ramos Perea en una frase, diría que es "una persona íntegra, profesional, empática, humilde, leal y comprometido".

Epílogo

El legado del Dr. Israel Ramos Perea no solo debe medirse por sus aportaciones a la investigación institucional o su incansable labor educativa, sino por el impacto profundo y duradero que dejó en cada persona que se cruzó por su camino. Desde sus humildes orígenes en Rincón hasta convertirse en un referente nacional, su vida ha sido testimonio del poder transformador del conocimiento, la ética y la perseverancia. Su capacidad de soñar con un país más justo, más educado y más humano lo convirtió en faro para las generaciones emergentes.

Hoy, cuando los nuevos investigadores, educadores y líderes sociales levantan la voz en favor de la equidad y la excelencia, el espíritu del doctor Ramos Perea sigue brillando. Su historia nos recuerda que las condiciones adversas no determinan el destino de nadie, y que la integridad, la vocación de servicio y el compromiso con la verdad son semillas que florecen a lo largo del tiempo. Esta obra no busca ser solo una biografía, sino una invitación a creer en lo imposible, y a luchar con dignidad por una educación que emancipe y una sociedad que abrace el conocimiento como bien común.

El estudio de la vida y obra del Dr. Israel Ramos Perea constituye un referente imprescindible en el análisis del desarrollo de la investigación institucional en Puerto Rico. Su práctica investigativa, articulada desde un enfoque multidisciplinario y anclada en una ética de compromiso social, ofrece un modelo integral que muestra cómo la investigación puede trascender los marcos teóricos para incidir directamente en la transformación educativa y comunitaria. En este sentido, su trayectoria no solo contribuye a la historiografía educativa del país, sino que también establece una base teórico-metodológica valiosa para futuras generaciones de académicos interesados en el entrelazamiento del saber, la acción y la justicia social.

Apéndice 1
Muestra de informes de APEX

APEX es el acrónimo de "Analytical, Psycological and Educational Experts". La corporación surgió como respuesta a la necesidad de las empresas, tanto públicas como privadas, de contar con profesionales que asumieran la tarea de evaluar las personas, como parte de la selección, contratación y evaluación de personal. Con mucho entusiasmo, la Dra. Myrna Rodríguez y sus hijos, desarrollaron el nombre y el logo de la corporación. En 1984, la oficina se estableció en las facilidades de First Bank, ubicadas en la Ave. Muñoz Rivera, en Río Piedras. Varias agencias y empresas requirieron los servicios profesionales de APEX, tales como: Holsum de Puerto Rico, Departamento de Educación, ASSMCA y otras. Entre los servicios ofrecidos se encuentran: selección y evaluación de personal, estudiantes, maestros y directores escolares y el avalúo y la evaluación de programas institucionales.

1. *Needs Assessment Survey*, Prepared by Israel Ramos Perea, PhD. Senior Researcher; Myrna E. Rodríguez, PhD. Junior Researcher, July 1991.
2. *Evaluation of Centro Sor Isolina Ferre Community Based Program*. Submitted by: Dr. Israel Ramos Perea, Senior Evaluator; Dra. Myrna E. Rodríguez, President External Evaluator, June 1993.
3. *Outcomes assessment and summative evaluation of DAAS sponsored community-based AOD in the Aibonito volunteer corps in service to Puerto Rico*. Submitted by Dra. Myrna E. Rodríguez, President; Dr. Israel

Ramos Perea, Senior Researcher, September 30, 1993.

4. *Outcomes Assessment and Summative evaluation report of DAAS community-based AOD prevention program in Guamani Public Housing Project (Gipsy) Guayama, Puerto Rico.* Submitted by APEX, July 6, 1993.

5. *Outcome Assessment and Evaluation Report: "Juana Matos AOD Prevention and Intervention services for Youths Project" "Jump" Third Year Demostration Project Fifth Year of Implementation.* Submitted by: Dr. Israel Ramos Perea, Senior Evaluator; Dra. Myrna E. Rodríguez, President External Evaluator, August 19, 1994.

6. *Juana Matos AOD Prevention and Intervention services for Youths Project" "Jump" Third Year Demostration Project Fifth Year of Implementation.* Submitted by: Dr. Israel Ramos Perea, Senior Evaluator; Dra. Myrna E. Rodríguez, President External Evaluator, February 2, 1995.

7. *Process Assessment Report on Gipsy Community-Based Alcohol and other Drugs Youth Prevention Program in the Guamaní Housing Project in Guayama, Puerto Rico, Fourth Year Demostration Project, AIDS) Prevention Program in the Guamaní Housing Project in Guayama, Puerto Rico.* Submitted by: Dr. Israel Ramos Perea, Senior Evaluator; Dra. Myrna E. Rodríguez, President External Evaluator, March 8, 1995.

8. *Process Assessment Report on Gipsy Community-Based HIV (AIDS) Prevention Program in the Guamaní Housing Project in Guayama, Puerto Rico.* Submitted by: Dr. Israel Ramos Perea, Senior Evaluator; Dra. Myrna E. Rodríguez, President External Evaluator, April 30, 1995.

9. *Sexual Behavior Attitudes, SIDA, Prevention Measures, and Overall HIV Knowledge Developed and Mastered by Gipsy Targeted Youths.* Submitted by: Dra. Myrna E.

Rodríguez, President and Dr. Israel Ramos Perea, February 16, 1996.

10. *Outcomes Assessment Report on Gipsy Community-Based Alcohol and other Drugs Youth Prevention Program in the Guamani Housing Project in Guayama Puerto Rico Fifth Year Demostration Project.* Submitted by: Dra. Myrna E. Rodríguez, President and Dr. Israel Ramos Perea, External Evaluator, July 12, 1996.

11. *Process Assessment report on Gipsy Community-Based Alcohol and other Drugs Youth Prevention Program in the Guamani Housing Project in Guayama, Puerto Rico. Fifth Year Demonstration Project.* Submitted by: Dra. Myrna E. Rodríguez, President and Dr. Israel Ramos Perea, External evaluator, February 16, 1996.

12. *Guamani AOD Prevention and Intervention Services for Youths Project.* Submitted by: Dra. Myrna E. Rodríguez, President and Dr. Israel Ramos Perea, Externa evaluator, March 20, 1997.

13. *Outcome Assessment and Evaluation Report: Mountain's Town Coalition Project.* Prepared and submitted by: Dra. Myrna E. Rodríguez, president and Dr. Israel Ramos Perea, External Evaluator, August 22, 2002.

14. *Evaluación formativa y sumativa del proyecto de Prevención de violencia en familias en alto riesgo en las comunidades de Playita y Shanghai, en Villa Palmeras, Puerto Rico.* Submitted by: Dra. Myrna E. Rodríguez, President and Dr. Israel Ramos Perea, External Evaluator, 10 de septiembre de 2003.

15. *Planning and input readiness outcomes assessment report for the Puerto Rico State Incentive grant community-based alcohol, tobacco, and other drugs youth prevention program.* Submitted by: Dra. Myrna E. Rodríguez, President and Dr. Israel Ramos Perea, External Evaluator, November 17, 2003.

16. *Alcohol, tobacco, and other drugs risk factors prevailing among targeted and non targeted central mountain town's youths.* Submitted by: Dra. Myrna E. Rodríguez, President and Dr. Israel Ramos Perea, External Evaluator, October 13, 2003.

17. *Process Assessment Outcomes Report.* Submitted by: Dra. Myrna E. Rodríguez, President and Dr. Israel Ramos Perea, External Evaluator, Noviembre 5, 2004.

18. *Puerto Rico State Incentive Grant Process Report.* Submitted by: Myrna E. Rodríguez, President; Israel Ramos Perea, External Evaluator, April 15, 2004.

19. *Central Mountain Coalition Town's Youths Alcohol, Tobacco, and Drugs Prevention Program, Outcome Assessment Report for the Fifth Year of Program Intervention.* Submitted by: Dra. Myrna E. Rodríguez, President and Dr. Israel Ramos Perea, External Evaluator, December 26, 2004.

20. *Puerto Rico State Incentive Grant Prevention ATOD Program, Second Outcome Assessment Report for Year 2005.* Submitted by: Dra. Myrna E. Rodríguez, President and Dr. Israel Ramos Perea, External Evaluator, March-October, 2005.

21. *Puerto Rico State Incentive Grant Prevention ATOD Program, Outcome Assessment Report.* Submitted by: Dra. Myrna E. Rodríguez, President and Dr. Israel Ramos Perea, External evaluator, October, 2004-March, 2005.

22. *Outcome Assessment Final Report and Current Development Attained at the PRSIG Prevention System and Subsystem Center During the Fifth Year of Program Implementation.* Submitted by: Dra. Myrna E. Rodríguez, President and Dr. Israel Ramos Perea, External Evaluator, December 12, 2006.

23. *Sinópsis del Plan de Avalúo del Proyecto Conectando hacia el éxito para la prevención de ATOD y violencia, entre estudiantes, padres y maestros de escuelas privadas en Puerto Rico, con el auspicio de la Administración Auxiliar de Prevención y Promoción de la Salud Mental y el Departamento de Educación del Estado Libre Asociado de Puerto Rico.* Submitted by: Dr. Israel Ramos Perea, Senior Evaluator, and Dra Myrna E. Rodríguez, President, Octuber, 2007.

24. *The Impact of quality circles on individual motivation, organizational commitment and job satisfaction in a group of Puerto Rican professors and administrators,* Dr. Israel Ramos Perea, Senior Evaluator, and Dra. Myrna E. Rodríguez, President, (1989).

25. Rodríguez Ramírez, M. E. & Ramos Perea, I. *Los círculos de calidad y la satisfacción en el trabajo de profesores y administradores universitarios*: Revista de la Universidad de América, Núm 1.

26. Rodríguez, M. E., PhD., Ramos Perea, I. & Meléndez, *El perfil de los estudiantes a distancia en la educación superior de Puerto Rico: Aspectos psicosociológicos, académicos, éticos y legales.* Consejo de Educación Superior de Puerto Rico. Volume 11, Issue 1, October 2011, Hets Online Journal.

Apéndice 2
Listado de tesis

1. *Neighborhoods and Social Cliques in Two Missouri Rural Communities, A Thesis Presented to the Faculty of the Graduate School University of Missouri, In Partial Fulfillment of the Requirements for the Degree Master of Science:* by Israel Ramos Perea, August 1964.

2. *Las Cartas a los editores de los periódicos El Mundo, El Vocero y The San Juan Star como vehículo de expresión de las inquietudes de la sociedad puertorriqueña:* Rita María García Ramírez, Universidad de Puerto Rico, mayo 1980.

3. *Opinión de las profesoras sobre el contenido de un programa de educación para el hogar del primer ciclo secundario de la república de Panamá:* María Olimpia Cedeño de Aguilera, Universidad de Puerto Rico, octubre 1981.

4. *Prácticas de mejoramiento profesional entre los maestros de Ciencia de la escuela secundaria en el distrito escolar de Guaynabo:* Miriam Martínez Cintrón, diciembre, 1983.

5. *Conocimientos de nutrición, hábitos alimentarios y actitud hacia la alimentación de los maestros de las escuelas públicas de Puerto Rico, a nivel intermedio y superior:* Gretchen Martínez Pujals, julio 1983.

6. *Proceso de ajuste previo, manifestaciones de crisis y ajuste a la vida institucional en los jóvenes adultos primarios de la Cárcel Regional de Bayamón, Puerto Rico a febrero de 1985:* Evelyn Bregón García y otros, Universidad de Puerto Rico, mayo 1985.

7. *El grado de satisfacción con la vivienda de los envejencientes que residen en edificios multipisos del*

área metropolitana de San Juan: Iris Nereida Telmont Sanabria, Universidad de Puerto Rico, junio 1985.

8. *Satisfacción de los usuarios con la eliminación de barreras arquitectónicas en la Universidad de Puerto Rico, Recinto de Río Piedras:* Pedro E. Parrilla Diaz, Universidad de Puerto Rico, mayo 1986.

9. *El efecto de un adiestramiento grupal cognitivo-conductual de tipo autoinstruccional, en las conductas agresivas manifestadas por estudiantes de los grados segundo y tercero, en una escuela elemental pública del área metropolitana de San Juan:* Lourdes López Arroyo, Universidad de Puerto Rico, diciembre 1988.

10. *La responsabilidad social en las empresas manufactureras privadas de Arecibo:* Marisa Guillama de León, Universidad de Puerto Rico, junio 1988.

11. *El uso de las preposiciones entre los estudiantes de Español Básico del Recinto de Río Piedras de la Universidad de Puerto Rico:* Luz Delia Talavera Negrón, Universidad de Puerto Rico, junio 1988.

12. *El efecto de la estrategia de inquirir el estilo cognoscitivo y el aprovechamiento académico sobre la solución de problemas:* Migdalia Oquendo Cotto, Universidad de Puerto Rico, abril 1988.

13. *El desarrollo de la escuela secundaria puertorriqueña bajo el Progresismo estadounidense 1900-1989:* Blanca I. Facundo Santiago, Universidad de Puerto Rico, junio 1989, Volumen 1.

14. *El desarrollo de la escuela secundaria puertorriqueña bajo el Progresismo estadounidense 1900-1989:* Blanca I. Facundo Santiago, Universidad de Puerto Rico, junio 1989, Volumen 2.

15. *Bilingual Education Programs for Return Migrant Students in Puerto Rico: Perceptions of Participants, Parents and Teacher:* John Vázquez, Boston University School of Education, 1989.

16. *Las teorías lingüísticas y la enseñanza del Español en las escuelas públicas de Puerto Rico: Una perspectiva histórico-descriptiva:* Iris C. Altieri Avilés, Universidad de Puerto Rico, mayo 1990.

17. *Sistema de valores humanísticos y orientaciones valorativas de un grupo de educadores: Administradores escolares y estudiantes graduados:* Nayda M. Rosario, Universidad de Puerto Rico, junio 1990.

18. *La conducta de los estudiantes de la Pontificia Universidad Católica de Puerto Rico:* Evangelina Rivera Figueroa, Universidad de Puerto Rico, 1991.

Referencias

1. Agresti, A. (2018). *Statistical methods for the Social Sciences (5th ed.).* Pearson.
2. Astin, A. W. (1993). *What matters in college? Four critical years revisited.* Jossey-Bass.
3. Babbie, E. (2020). *The practice of social research* (15th ed.). Cengage Learning.
4. Bean, J. P., & Eaton, S. B. (2001). *A psychological model of college student retention. In J. M. Braxton, Reworking the student departure puzzle* (pp. 48-61). Vanderbilt University Press.
5. Braxton, J. M. (2000). *Reworking the student departure puzzle.* Vanderbilt University Press.
6. Bryman, A. (2016). *Social research methods* (5th ed.). Oxford University Press.
7. Cohen, J., Cohen, P., West, S. G., & Aiken, L. S. (2013). *Applied multiple regression/correlation analysis for the behavioral sciences* (3rd ed.). Routledge.
8. Creswell, J. W., & Creswell, J. D. (2018). *Research design: Qualitative, quantitative, and mixed methods approaches* (5th ed.). SAGE Publications.
9. Denzin, N. K., & Lincoln, Y. S. (Eds.). (2017). *The SAGE handbook of qualitative research (5th ed.).* SAGE Publications.
10. Field, A. (2018). *Discovering statistics using IBM SPSS Statistics* (5th ed.). SAGE Publications.
11. Flick, U. (2018). *An introduction to qualitative research (6th ed.).* SAGE Publications.
12. Gravetter, F. J., & Wallnau, L. B. (2020). *Statistics for the behavioral sciences* (11th ed.). Cengage Learning.
13. Kuh, G. D., Kinzie, J., Schuh, J. H., & Whitt, E. J. (2011). *Student success in college: Creating conditions that matter* (2nd ed.). Jossey-Bass.

14. Maxwell, J. A. (2013). *Qualitative research design: An interactive approach (3rd ed.).* SAGE Publications.

15. (1983). *SPSS: Statistical package for the Social Sciences.* McGraw-Hill Book Co.

16. Merriam, S. B., & Tisdell, E. J. (2016). *Qualitative research: A guide to design and implementation (4th ed.).* Jossey-Bass.

17. Pascarella, E. T., & Terenzini, P. T. (2005). *How college affects students: A third decade of research* (Vol. 2). Jossey-Bass.

18. Ramos, I. (2024) *Página para colección de informes y tesis trabajadas por el Dr. Israel Ramos Perea.* https://sites.google.com/view/ramosperea/.

19. Tabachnick, B. G., & Fidell, L. S. (2019). *Using multivariate statistics (7th ed.).* Pearson.

20. Tierney, W. G. (2019). *Higher education: Handbook of theory and research (Vol. 34).* Springer.

21. Tinto, V. (1975). *Dropout from higher education: A theoretical synthesis of recent research.* Review of Educational Research, 45(1), 89-125.

22. Tinto, V. (1987). *Leaving college: Rethinking the causes and cures of student attrition.* University of Chicago Press.

23. Tinto, V. (1993). *Leaving college: Rethinking the causes and cures of student attrition* (2nd ed.). University of Chicago Press.

24. Tinto, V. (2012). *Completing college: Rethinking institutional action.* University of Chicago Press.

25. Turabian, K. L. (1973). *A manual for writers of term papers, theses, and dissertations.* University of Chicago Press.

26. Wright, C. R. (1960). *Functional analysis and mass communication. Public Opinion Quarterly,* 24(4), 605-620. *https://doi.org/*

27. Yin, R. K. (2018). *Case study research and applications: Design and methods (6th ed.).* SAGE Publications.

www.ingramcontent.com/pod-product-compliance
Lightning Source LLC
Chambersburg PA
CBHW071459070426
42452CB00041B/1938